もし君が君を信じられなくなっても

不登校生徒が集まる音楽学校

毛利直之
首藤厚之

2001年、福岡市に小さな音楽学校が開校した。その入学式に集まった多くは、不登校やひきこもりを経験した子どもたちだった。

プロ養成という理念よりも、高校卒業資格が取れるという〝付録〟が、進路に悩む本人や保護者の胸に響いたのだ。

ところが、心を閉ざした生徒たちが音楽に出合い、変わり始める。音楽と本気で向き合うことは、自分の内面を見つめて表現すること—。教育と音楽の接点に立った彼らは、自らよろいを脱ぎ始めた。

はじめに

音楽が僕らの学校だ

「これくらいの仕事がちょうどいいんです。責任もないし、辞めたくなったらいつでも辞められますから」コンビニでアルバイトをしながら暮らしているという青年はこう言って、「結婚する気はないから」と付け加えた。服装は清潔にしているし、真面目そうに見える。少し遠慮しながら「夢は？」と訊いてみると「そんなもんありませんよ」と鼻で笑われてしまった。

夢や目標など持たず、ほどほどに生きていくという、こうした考え方や生き方を否定するつもりはない。それが自らの意思で積極的に選択した〝幸せのあり方〟であるのなら、他人がとやかく言うことでもないだろう。しかし、おそらくそうではないのだろう。それは彼の表情や態度が物語っていた。まるでこれまでの競争社会に疲れたからと、たまたま通りかかったバスに乗り、行先は確かめないまま「仕方ないじゃないですか」とつぶやいた——私にはそう映ったのだ。バスの中には大人や社会に対しての漠とした不信感だけが漂っている。

ロック・ポップスを学びながら高校の卒業資格が取得できる音楽学校「C&S音楽学院」（以

下ＣＳ、生徒たちは皆そう呼ぶ）を２００１年、福岡市に開校した。３学年合わせて70〜80人程度の小さな学校だったが、いつもその８割近くを不登校経験者が占めていた。いじめや発達障害に苦しんできた生徒や、長い引きこもりを経験した生徒もいた。

長い人生の中のほんの一時期、ただ学校に行けなかったという理由で、「あなたを殺して私も死ぬ」というところまで追いつめられるご家庭があることも初めて知った。手首から肩口まで続くかのようなリストカットの痕を見せた女の子もいた。ある生徒は「俺は小学校のとき、学校の先生にいじめられたんだ。こうでもしなけりゃ生きてこられなかったんだ」と号泣した。

さまざまな問題・課題を抱えて入学して来る生徒たち。しかしよく見ると、彼ら、彼女らが抱えていたものの多くは、私たち大人や、この社会が抱えている問題・課題そのものだった。生徒たちは、ただその影響を受けていたのだ。

いじめや不登校、引きこもり、自殺…。それらを子どもたちや学校、家庭の問題と限定して議論してきたから解決の糸口は見えてこなかったのではないだろうか。

私は教育者ではなく、一介のミュージシャンにすぎない。

しかし、教育の素人だからこそ気付けたことがあるのではないか、と思う。子どもたちの鋭敏で傷つきやすい「感受性」や、他とまざり合うことを嫌う独特な「個性」、妥協することを知らない「こだわり」といった、これまで不登校の原因となったと思われる性質が、音楽と出合い、まるで化学反応を起すように輝き出すのを目の当たりにしてきた。

彼ら、彼女らを苦しめてきたのは〝音楽的才能〟だったのかもしれない。この発見は、壁の傷をパテで埋めようとする教育ではなく、壁の素材を活かしながら、その傷を魅力に変えていくという、ダイナミックでドラマチックな教育の展開を可能にした。ゆっくりと、しかし確かに生徒たちは音楽というフィールドの中で自信を回復していった。

生徒たちは「こんな自分でも表現できる音楽がある」から、「こんな自分だからこそ表現できる音楽がある」に変わり、やがて「こんな自分にしか表現できない音楽がある」へと確信を深めていった。

そして、なぜ人に優しくしないといけないのか、なぜ自分自身を信頼しなければいけないのか…大切なことは全部音楽が教えてくれた。ＣＳは音楽を学ぶ学校ではなく、音楽そのものが学校だったのだ。

私は21年3月に学院長の任を終え、ＣＳは高等専修学校「C&S学院」に生まれ変わった。ここに綴った20年間の生徒たちとの記録が、迷いと悩み、苦しみの中にいる子どもたちのささやかではあるが確かな「希望」となることを心から願っている。

もくじ

第 1 章

音楽学校

毛利直之

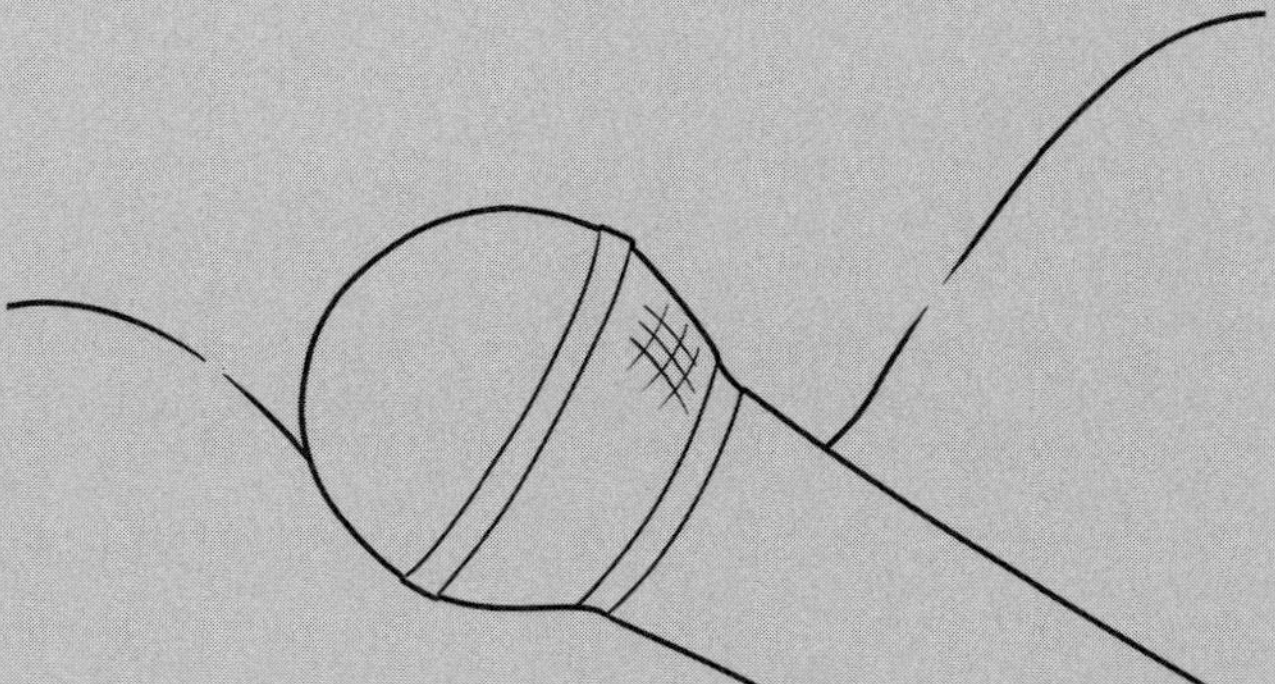

開校まで

C＆S音楽学院のCはCreate（創造する）、SはSocialize（社会化する）の頭文字である。音楽学校なので「創造」が学校名に入ることには誰も疑問を持たないだろうが、なぜそこに「社会化」を並列したのか。その理由は、この学校が目指すところを「子どもたちの幸せ」としたことにある。

ミュージシャンに限らず、これまで才能豊かな表現者たちが素晴らしい作品を世に残しながらも、家庭の崩壊、薬物依存など、悲惨な人生を送ったというケースがあまりにも多かった。しかし私がつくる学校の生徒は全員、幸せになってほしいと思った。その画竜点睛が「社会化」だと考えたのだ。

なぜなら、多くの表現者は、自らの中にあるものを形にすることがすべてであり、その作品が他者や社会にどういった影響を与えるのかなどということには、あまり関心を持っていない。しかしその作品が他者や社会に与える意味や価値を考えるとき、表現者ははじめて、自分になぜそうした才能が備わっているのかという〝自らの存在の意味と価値〟を知り、方向性を見いだすことができるはずだ、と私は考えたのだ。

お金も経験も持ち合わせていない私が、自分の理想の学校をつくるなんてことは、今考えても信じられない。すべては大学卒業後、外資系保険会社に入社し３年が過ぎた、あのときから始まった気がする。

大学時代はほとんど学校には行かなかったので、卒業までに5年かかった。会社は営業専門職としての採用だった。鼻っ柱だけは強かった私は、自分の力がどれくらい通用するものか試してみたい、と「営業成績日本一」「給料１００万円」という目標を掲げた。たまたま、３年目に大きな契約に恵まれ、目標を達成することができた。

外資系だけあって日本一の表彰式はシンガポールで行われるという華々しいものだった。１週間の旅行付きだ。しかし日本に帰ればもう次のコンテストが始まっており、またゼロからのスタートとなる。喜びに浸っている暇はなかった。

１００万円はいつもと同じ生活をしてひと月でなくなってしまった。焼き鳥屋が中洲の高級クラブに代わっただけのことだった。つまり達成した二つの目標、そのいずれもが私の心を満たしてはくれなかったのだ。

そこで想像してみた。このまま働いて結婚をして、2人の子どもを大学までやって、それで家の一軒でも建てようものなら、ローンを払い終える頃には私は65歳を過ぎてしまう。25歳の今から65歳までの一番元気のいい40年間を、私は家を建てるためと子どもを大学にやるために働いていくのか…。そう考えると、嫌だと思った。あくせく生きていくこともつまらないことのように思えた。せっかく生まれてきたんだから、もっと自分らしく、悔いの無い生き方がしたい、そう思うのだが、どうすればいいのかが分からなかった。

あれこれ考えるよりまずは一番やりたいことから始めてみようと決めた。

そして、私は愕然とした。

私にはやりたいことがなかったのだ。大学も就職も、みんながそうしているから、私もそうしただけのことだった。何がやりたい訳でもなかった。

そこで、少しでも興味のあるもの、魅力を感じる職業を、なれるなれない関係なくノートに書き出してみた。20種近く並んだ。しばらく眺めていたが、どうも決まりそうもないのでトーナメントをすることにした。結果、最後まで勝ち残ったのがミュージシャンだった。

よし、ミュージシャンになる！　そう決めて私は会社を辞めた。

当時福岡には、チューリップ、甲斐バンド、海援隊、井上陽水、長渕剛らが巣立ったと全国的に名を馳せていたライブハウス「照和」があり、そこのオーディションを受けることにした。

―吉田拓郎、井上陽水を聴いて青春時代を過ごしてきた私たち世代は、見よう見まねでギターをつま弾きながら歌うことくらいはできたのだ。

照和のマネージャーからは「ここで25歳まで歌ってサラリーマンになった人は沢山見てきたけど、25歳でサラリーマンを辞めて歌い始めるのは君が初めてだ。大丈夫か」と心配された。

確かにプロを目指すにはとても遅いスタートだった。

福岡で5年アマチュアとして活動し、30歳で所属事務所が決まり上京する。

プロのシンガーとして東京で5年過ごすのだが、何の結果も残せないまま、私はあっという間に35歳になってしまった。すでに結婚もしていた。3年頑張って芽が出なければ諦める、との妻との約束をすでに2年もオーバーしていた。

もはやここまでか、と2人して福岡に戻ることにした。

挫折をした、のだ。私はそれまで挫折を経験したことがなかった。なぜなら挑戦を避けてきたからだ。挑戦さえしなければ敗れることはない。私は何をやるにしても全力を出さずに力を余しておいた。それはうまくいかなかったときの自分への言い訳を残しておくためだった。

そんな自分のひ弱さが嫌いだった。だから25歳で〝歌う〟と決めたとき、才能があろうがなかろうが、認められようが認められまいが、音楽からだけはもう目をそらさないと決めた。でもそれはきっと音楽ではなく、自分の中にあるひ弱さから目をそらさないと決めた瞬間だったのだと思う。そして、その挑戦に敗れたのだ。

福岡に戻り、拾ってもらった小さな地場の会社に身を寄せた。

数年が経ち、歌うことも忘れそうになった頃、ある音楽プロダクションの社長から、デビューを目指す子どもたちに歌を教えてもらえないか、との相談を受けた。

週に2日ある休みのうちの1日を使ってお手伝いするのでよければと、私は13歳から18歳までの7人の歌手の卵たちに歌を教え始めた。昨日まで小学生だったような子もいる。私はプロを目指すその子たちに、どうしても伝えておきたいことがあった。それは私自身がステージの上で、痛いほど感じてきたことだった。

「音楽は表現者の性質や心根を、怖いくらいに映し出していく。たとえば、優しさや思いやりを持ち合わせていない人に、いくら優しい歌詞を渡して歌ってもらってもその人は優しさを表現することはできない。わがままな人は見事にわがままな演奏をする。どうせ自分なんか、と心が縮こまっている人が弾くギターのフレーズが、会場を包み込むような広がりを見せることは、やはりないのだ。痩せた土地からは、痩せた作物しか採れない。歌も同じだ。もしあなたたちが、多くの人に感動を与える豊かな歌が歌えるようになりたいと本気で望むのなら、自分自身の中に表現するに足りる豊かさを養うしかない。だから日々、自らの人間性を磨き、高めていく努力をしなさい」

普通、こんな話をしたところで、中学生、高校生の子どもたちが、まともには聞いてくれることはないだろう。しかし歌手になりたい、いい歌を歌えるようになりたい、という夢や目標を持った子どもたちは皆、真剣に聞いてくれた。

ある日のレッスン終了後、１人の女の子が私の前にやってきた。見ると目に一杯涙をためている。

どうした、と訊くと「先生の言うとおりだと思ったから、自分の中にある嫌なところを無くそうと一生懸命に頑張ってみたんです。でも無くならないんです…。私の嫌なところを無くす方法があったら教えてください」。そう言って、ぽろぽろと涙をこぼした。

私の言葉を真っすぐに受け止めてくれる、その表情を見たとき、こんな学校をつくりたいという思いが心の底から突き上げてきた。

音楽を通して、人間として、お互いが高め合える学校を「いや、つくれるぞ」と思ったのだ。

ちょうどその頃、プロダクションの社長から「生徒も増えてきましたし、そろそろ学校をつくりませんか」というお話を頂いた。

私はこれまでのような音楽学校には興味はないが、こんな学校だったらつくってみたい、と先ほどの生徒とのやり取りを話した。

私の話を最後まで聞いてくださった社長は、「わかりました。毛利さんの理想の音楽学校をつくってください。必要なお金は全部私が用意します」と言ってくださったのだ。

こうして2001年、私の理想を形にしたC&S音楽学院は誕生した。

やって来た不登校児たち

最初私は、プロミュージシャンを育成する学校をつくろうとした。なぜプロにこだわったかというと、音楽を通して人間性の変革を促すには、やはり、プロを目指す！というくらいの強烈なモチベーションが必要だと思ったからだ。

当時はロックやポップスを体系的に集中して学ぶには、高校卒業後に専門学校に行くしかなかった。プロを目指すのに、そこから始めるのでは少々遅いかなと思った私は、中学を卒業したところで通える専門学校をつくろうと考えた。しかし、どんなに優秀な講師を集めたとしても、全員がプロデビューできる訳ではない。そこで、通信制高校と連携して、せめて入学した生徒は全員、高校の卒業資格を取れるようにしたのだ。

だから私にしてみれば高校の卒業資格は〝付録〟のようなものだった。ところがこの高校卒業資格に、不登校や引きこもり、発達障害の生徒や、学校のルールが守れず校門からはじき出された生徒たちが反応してきたのだ。

保護者たちは「うちの子はもう普通の高校には行けないだろうけど、音楽は大好きだから、ここだったらなんとか通ってくれるんじゃないか、高校卒業資格までは取ってくれるんじゃないか」とすがるような思いで送り出していた。

「いや、そんなつもりじゃなかったので…」

と、お引き取りいただく訳にはいかなかった。すでに生徒たちは入学しているのだ。３年後には卒業資格を取らせて送り出してやらなければいけない、その責任が発生していると、後から気付いた。

校舎は、福岡市の中心地・天神から西へ５㎞ほど離れた、国道沿いに建つ8階建て全面ガラス張りのしゃれたビルで、その3階と4階の2フロアを借りた。合計して１００坪くらいの床面積に、高校の勉強をする教室と六つのレッスンスタジオ、生徒たちがくつろぐためのロビーと事務所を設けた。

初年度の入学生は23人で、特にヤンキーと呼ばれる生徒たちが多かった。面接では落とされ

開校時の生徒たち

てはかなわないと髪を黒く染めなおし、しおらしくしていたのだろう。学校が始まると、入学してしまえばこっちのもんだと言わんばかりに、傍若無人に振る舞った。

まず大人、特に学校の先生の言うことなど聞こうとしない。そもそも信用していないのだ。おはようと声をかけても、「どうせあんたも俺のことが嫌いなんだろ」といった表情でこちらを一瞥し、挨拶も返さないで教室に入っていく。

たばこの吸い殻を、隣接する民家の庭に投げ込んだ生徒もいた。深夜まで学校周辺で騒いでは近隣住民に迷惑をかけるグループ、ロケット花火を交番に打ち込んだ女子生徒もいた。

音楽どころではなかった。事が起こるたびに私は菓子折りを持ってご近所に謝罪して回った。

もちろん生徒にはその都度注意する、一人ひとり接すれば素直ないい子たちである。ところが集団になると、まるでタガが外れてしまったかのように暴れ出す。「俺たちのどこが悪いんだ、最初に仕掛けてきたのはお前たちの方じゃないか」とでも言いたげな眼をしていた。

そうかと思えば、「幼稚園から学校と名の付くものには行ったことがないから」と、かけ算の九九や、アルファベットが最後まで言えないという生徒。「…死にたい」と訴えてくる生徒もいた。

スタッフは６人。レッスンのクオリティ管理をお願いしたディレクターと、広報担当者を除いた残り４人のスタッフで、高校の勉強と生徒たちの生活指導にあたった。音楽講師は15人いたが、皆、現役のプロミュージシャンである。ステージの手本とはなっても、日常生活の手本となるような人は、ほぼいなかった。

毎日、毎日、大小入り乱れて〝事件〟が起きた。夕方にはへとへとになった。

事が起こるたびに私がいつも一番に考えたことは、通常「学校」だったらこんな時どう対応するのだろうということだった。教育現場に身を置いたことのない私は対処法を持ち合わせていなかったのだ。

そこで、音楽系の専門学校で副校長を務めてきた方をＣＳに迎え、指導を仰いだ。

「こんなとき、学校はどうすればいいのですか？」

「どのタイミングで、どこまで生徒の状況を保護者に知らせるべきですか？」

「どこまでが学校の責任なのですか？」

しかし、その方から返ってくる答えに私はいつも違和感を覚えた。ほとんどの場合、私の考えとは逆の答えが返ってくるのだ。

「割り切らないと、こちらの身が持ちませんよ」とも言われた。それがプロのやり方なら、わざわざ私が学校をやる意味はないと思い、スタッフに伝えた。「これからは学校の常識ではなく、私たちの常識で判断していこうと思う。大変だけど、みんなで一つ一つ試行錯誤を繰り返しながら悩み続けていこう」と。

こうして私はプロからアドバイスを受けることをやめた。

それからはむさぼるようにさまざまな教育書を買い込み、多くの先人たちの言葉に〝答え〟を探した。そこには運営側の都合など入る隙など微塵もない、理想とすべき教育のあり方が謳われていた。

そうだ、そうだと読み進めるうちに、私ははたと気付いたのだ。

もしかしたら私は、自分の描いた理想に生徒たちをはめ込もうとしていたんじゃないか。だからうまくいかなかったんだ。生徒たちからしてみれば、余計なお世話以外の何物でもなかっただろう。そうではなく、目の前のひとりの生徒がどんな課題を抱え、どんな能力を持っているか、それを明らかにし、そのひとりの生徒のために、学校の持つさまざまな機能を組み合わせて支援していけばいい。一つの学校の中に、それぞれの生徒に合わせた小さな学校をつくる。

――その集合体としてＣＳがあればいい、とそう思った。

その日から毎日1対1の面談を始め、生徒の声に耳を傾けていった。23人の生徒だ、一巡すればまた最初の生徒から始めた。

1期生の中に北九州から入学してきた和也（仮名）という男の子がいた。彼は中学生のとき、担任の心ない言葉に思わず教室の椅子を持ち上げ、先生めがけて振り下ろそうとしたのだそうだ。そのときはすんでのところで思いとどまることができたが、このまま自分がここに居れば、いつか家族に迷惑をかけてしまうことになると自ら学校に行くことを止めたと言った。

ちょっとしたプロレスラーのような筋肉質の身体をしていた彼を部屋に呼ぶと、向かいの椅子に腕組みをしたままドカッと座り、つかみかかるような目で私を睨みつけていた。ほんのちょっとした矛盾も聞き逃さないぞ、と身構えているようだった。

こう思うよ、との私の言葉を片手でさえぎり、「いいんす、俺は俺ですから」と話を聞こうともしなかった。

そんな和也が2学期に入ると真面目に授業に出て、熱心に講師の話を聞いている。部屋に呼ぶと、背筋を伸ばして椅子に座り、両手をきちんと膝に置いた。こう思うよ、との私の言葉に「俺もそう思います」と笑顔で頷くのだ。

そのあまりの変わりように、どうしたんだ、何があったんだと訊くと、「実は、ここに来た頃はいろいろあって、大人とか社会、特に学校の先生に対して不信感が強かったんすよね。音楽的にも妙につっぱっていたと思います。だからギターも自分の好きなように弾いてました。でもいっちょんうまくならん。周りのやつらは先生の言うことを聞くからどんどんうまくなる…。これは素直に先生の言うことを聞いた方が得かもしれんと思ったんす」と教えてくれた。

授業は出るもの、先生の言うことは聞くもの、と押し付けると反発するが、自分なりにメリットを感じられればちゃんと頑張れるのだ。

子どもたちは自ら伸びようとしている——。その発見は、あたかもコンパスのない時代に船乗りたちが見上げた北極星のように、私に教育の方向性を示してくれた。この星さえ見失わなければ、子どもたちがいかに変化しようが、ぶれない対応が可能になると思ったのだ。

良い子の時代

２０１０年代が終わる頃から、「良い子」が目立ってきた。Ｚ世代と呼ばれる子どもたちだ。大人や学校の先生に反抗することもなく、笑顔で挨拶をし、言われたとおりに行儀よく振る舞う。

職員室に「失礼します！」と、きちんとお辞儀をして入ってきた生徒を見た時は新鮮な驚きがあった。こんな光景はこの学校ではあまり見たことがなかったからだ。いつも生徒たちは「ねえ、ねえ」と言いながら職員室のドアを開け、まるで自分の部屋のようにして入ってきた。

「良い子」たちは、学校の運営側からすればやり易い、申し分のない生徒たちだ。

しかし何かが欠けている気がするのだ。生徒たちの音楽から、枠をはみ出してしまうようなエネルギーや、危ういほどの鋭さを感じることが少なくなった。

もちろん嘆いているのではない。ただ、どうしても私は子どもたちが良い方向に向かっている気がしなかった。なぜなら相変わらず不登校児は増え、いじめもいっこうになくならず、子どもの自殺も増加しているのだ。データを見る限り状況は一向に改善されていない。それなのになぜ子どもたちは一見落ち着いた様子で過ごしているのだろう。

似たような違和感を若い頃にも感じたことがある。九州から音楽をやるために上京し、生まれて初めて満員電車に乗り合わせたときのことだ。ドア付近にいた私は、停車するたびに乗り込んでくる客の波に押されながら、電車の中ほどにまで押しやられてしまった。私の意思などお構いなし、なすすべもなくもみくちゃにされた。

自尊心が踏みにじられる思いがした。田舎育ちの私は「ちょっと待て、俺はここにいるんだ！」と叫びたい衝動にかられた。

他の乗客はどうしているのかと周りを見回した。身長が１８０センチ近い私は他の乗客より頭ひとつ抜けているので、同じ車両に乗り合わせた人たちの様子が見て取れた。すると、平然とタブロイド紙を上手に折りながら記事に目を通しているサラリーマンや、涼しげな顔をしてイヤホンから流れる音楽に聴き入っている女子学生など、何の不満もないかように電車に揺られていた。

みんな「良い子」にしていた。慣れがそうさせているのかもしれないが、この異常な状態の中を当たり前に過ごしている異常性のようなものを感じた。いつかきっと心身に何らかの影響を与え、表面化するに違いない、とその時は思った。

あるとき生徒に「今の政治家や官僚に対して腹はたたないか」と訊いたことがある。その生徒は、何が？　といった顔をして、「そんなもんでしょ」とさらりと答えた。自分一人が声をあげたところで何も変わらないとあきらめているように私には感じられた。

しかしそうではなかったのかもしれない、と今は思う。彼らはそもそも期待すらしていなかったのではないだろうか。大人や社会に対して不満を持つのは、まだ信じていたからだ。だから、どうしてわかってくれないんだ、と暴れていたのだ。

信じることを止めたとき、あえて摩擦を生じさせるようなことはせずに見限ったのかもしれない。

物質的には満たされ、どちらかといえば幸せで、それでいて未来に希望を持てない子どもたち。努力して勉強し、いい大学、いい会社に入ったとしても、その先により良いリターンがあるとは思えない。かつての成功モデルが壊れ、だからと言って新たな目標を示しきれずにいるこの国の現状に対する彼らなりの〝反応〟なのかもしれないのだ。

ひとりもこぼれようのない教育

開校時の「ヤンキーの時代」から「良い子の時代」へ。この変化は、子どもたちが、大人や社会に対して、あらがい、傷つき、そして、あきらめたという経過を連想させる。子どもたちが社会で活力を失っていく様は、壊れていくこの国の未来に他ならない。

打開への鍵は教育が握っている。教育の目的を知識や技術の習得ではなく、一人ひとりの個性の開花とすることができれば、「ひとりもこぼさない教育」ではなく、「ひとりもこぼれようのない教育」が可能になると私は思う。

なぜなら、個性は誰にでも備わっているからだ。個性のない人間なんて世界中どこを探してもいない。不登校であろうが、勉強に自信がなかろうが、コミュニケーションが苦手であろうが、発達障害であろうが個性はある。俺には個性が無いと思い込んだ生徒にさえ、そんな個性があるのだ。音楽はそんな生徒たちの個性に光を当て、内側から輝かせていった。

理想と現実のはざまで

開校して1年半経ったとき、スポンサーだったプロダクションが倒産した。

まだ2期生が入学して半年しか経っていない。3学年揃わなければ経営が成り立たない、つまり3期生が入学してくるまでの半年間の運営費が無い、と突然告げられたのだ。

応援しますから毛利さんがやりませんか、と言ってくれた銀行マンの言葉を頼りに、私が経営を引き継ぐことにした。生徒募集の前面に立ち、多くの保護者は私を信じて子どもたちを入学させている。その責任から逃れられるはずもなかった。

プロダクションの社長と経営譲渡契約を交わし、社会的責任も負の財産もすべて私一人のものになりました、融資をどうぞよろしくお願いします、と銀行に持ち込んだ。

ところが、その融資がおりなかったのだ。

太平洋のど真ん中に、たったひとり投げ込まれた気がした。もう誰も頼ることができない。資金が底をつき、やがて訪れるその瞬間に、私は目の前の生徒たちに何と言えばいいのだろう。私を信頼して大切な我が子を送り出してくれた保護者たちに何と説明すればいいのだろう、そんなことばかり考えていると一睡もできなくなり、やがて起きていても苦しくなってきた。

「そろそろ病院に行かれたらどうですか」とのスタッフの勧めもあって、最寄りの心療内科を受診した。診断結果は自律神経失調症、うつの始まりとのことだった。

まさに薄い氷の上を歩いているような日々だった。学校存続のため、打てる手はすべて打った。しかし、どれをとっても、こうすれば大丈夫と言えるものはなかった。それでも打った手のひとつひとつが小さな結果をもたらし、次の結果を呼び寄せ、波のように連動していったのだろう。経営のめどが立ったときの安堵感は今でも忘れられない。

こうして無事、3期生を迎えることができ、その中に手嶌葵がいたのだ。彼女のデビューは、学校の知名度と信用を一気に全国区に引き上げてくれることになる。

この間、私は1冊の本を書きあげた。心身ともに健康なときでも本を書こうなどと思ったことはなかった。それが、人生で一番元気を失くしていたときに、なぜ書こうとしたのか、またよく書けたものだと不思議でならない。沈んでいく気持ちに抗うようにして、これまで歩んできた道を、ひとつひとつ確認していこうとしたのかもしれない。

理想と現実の狭間をもがくようにして歩いてきた日々を綴ったその本が、学校の運命を変えた。ある出版社のコンテストのノンフィクション部門で優秀賞を受賞し、新聞や雑誌が取り上げてくれたのだ。学校には連日、「記事を読んだ」「本と学校の資料を送って欲しい」という電

卒業式の様子

話が鳴り続け、全国から転校生が相次いだ。げんきんなもので私のうつも治った。

開校からちょうど20年後の２０２１年、ＣＳは念願の学校法人格を取得した。ここまでが私の役割と考え、経営から退いた。

第 2 章

事例

毛利直之

1 「いじめ」に遭ったとき

① 解離性障害と診断された少女

その女子生徒は、小学生のときトイレの水を飲まされた、と言った。何という常軌を逸した行動だろう。その執拗ないじめに耐えきれず、彼女は自分の中にもうひとりの自分をつくりあげ、現実の苦しみからから逃れようとしたのだそうだ。その後、解離性障害と診断され、家族ともども長く苦しみ続けることになる。

はじめて真衣（仮名）と会った時、まだコロナ前だったにもかかわらず、顔を覆うくらいの大きなマスクをしていた。うつむいたまま顔をあげようとしない彼女に、何度か直接話しかけてみたのだが反応はなく、水槽の中に静かにひそんでいるかのようにして向かいの席に座っていた。

母親の説明によると〝もうひとりの自分〟が出てしまうと本人の意志ではコントロールできないので、もしかしたら授業を妨げることがあるかもしれないし、勝手に外に飛び出していくこともありうるという。

これまで、今がどんな状態であったとしても、ここで生徒たちの奇跡のような変化を見てきた私は、この子にもそうした可能性がきっとあるはずだと思った。しかしさすがに他の生徒に迷惑をかけるわけにはいかない。

「お子さんの場合は、こうした学校より、病院の先生に相談された方がいいと思うのですが…」と失礼にならないように気遣いながらそう伝えた私に、母親は「その病院から、ここを紹介されたんです」と言った。

いったい、どんな学校になっていくんだろう、と心配になった。

結局、彼女が学校にいる間、お母さんがすぐに駆け付けられるように近くに待機するという条件付きで、受け入れることにした。

いじめは犯罪である。ひとりの人間の可能性を奪い、楽しく過ごす時間を奪い、その後の人生までを奪ってしまう。そんな権利は誰にもないし、子どもがしたことだからと許されていいはずがない。

「いじめなんていう言葉を失くしてほしい」。ある男の子はそう言った。

「いじめという言葉であいつらは護られている。物を隠したり、奪ったりしたら窃盗でしょ。暴力を振るえば傷害、汚い言葉でののしられれば名誉棄損なんだから、罪に問えばいい。そうしないから、いつまでたっても自分らが何をやっているか気付かないんだ」

そのとおりだと思った。

しかしそれだけでは不十分だ。なぜなら集団で無視をしても、これは罪には問えない。陰口でも難しい。ところが被害者が受けるダメージは身体的なものよりも精神的なもののほうが強い場合もあるのだ。自分の存在が誰からも認められていない、と感じるときほど辛いことはないだろう。

そこで私は、いじめをなくすにはまず、「これはいじめだ。やってはいけないことだ」といじめられている本人、加害者、親、学校の先生の、誰の目にもその場で判断できる定義が必要だと思った。もちろん2013年に施行された「いじめ防止対策推進法」にその定義は明文化されている。しかし生徒や親がその場で判断するにはもう少しわかりやすい基準がほしかった。なぜなら、これがいじめにあたるのかどうかを議論している間に、誰も見えないところで被害者ひとりが追い込まれ、取り返しのつかない行動に走ってしまうことだって起こっているのだ。

その誰もが共有できる定義を持って、はじめて私は子どもたちと向き合えると思った。そこで、この学校におけるいじめとは、「複数の人間が申し合わせて、ひとりの人間にダメージを与える行為」とした。つまり原因がどこにあろうが、どんな事情があろうが、いじめは数の問題として割り切ったのだ。言いたいことがあるのなら、そうすればいい。数を頼んで相手にダメージを与えようとするその卑劣な行為をいじめとしたのだ。

そして生徒たちに「もしこの学校でそういうことがあれば、私は理由を聞かずに集団側を罰する」とだけ伝えた。

素人考えの精度に欠ける定義だったのかもしれない。しかし、いじめは絶対に許さないという覚悟を伝えるには十分だった。

時折、いじめられた側にも非があったとの主張を耳にすることがある。しかし、どんな原因があろうと、ひとりの人間を集団で攻撃していいはずがない。それは問題のすり替えであり、分けて考えるべきなのだ。いじめられる子が抱える問題と、いじめる子が抱える問題と、それぞれに時間をかけて向き合っていけばいいのだ。

だから1対1での争いはけんかであり、いじめではないということになる。では、けんかなら許されるのかというと、もちろんそんなことはなく、けんかについては2番目の校則の、「いかなる理由があろうと暴力による問題解決は絶対に認めない」に該当し、処罰の対象となる。これも、いかなる理由があろうとも、である。つまり事情がどうあれ、どういった経緯であれ、この学校において暴力は絶対に許されないのだ。お互いに主張したいことがあるのなら、そうすればいい。それが殴っていいという理由にはならない。これも分けて考えるべきなのだ。もちろん、言葉であれ、ネットへの書き込みであれ、相手を傷つけることを目的としたものは暴力とみなされる。

(ちなみに3番目の校則は「マナーを守る」である。開校以来この三つの校則だけで運営してきた。ルールが足りないから増やさないといけないと思ったことは一度もなかった)

いじめは、みんなと違うところを非難され〝多数派〟から攻撃されるという構図をとることが多い。しかし、個性の開花を目的とするこの学校では、「そもそもみんな、一人ひとり違うのだから、逆にその違いを際立たせていきなさい」と勧められるのだ。

「これまでの学校では、出すな、出すな、と言われてきたものを、ここでは出せ、出せと言われるんです」とある生徒は笑って言った。「日常生活で出すとトラブルになるだろ。そうじゃなくて、ここで出せ、とステージに上げられるんです」と。

いつしか生徒たちは、「他者との違いこそが、得難い個性」として大切にするようになっていった。

真衣と最初に会ったとき、誰が数年後、多くの人の前でステージに立ち、オリジナル曲を披露する彼女の姿を想像できただろうかと思う。

②注意をしたら標的に──手嶌葵さんの場合──

開校から3年目の入学生の中に、その生徒はいた。

モデルのようなすらりとした長身の彼女は、新入生の中でも目立っていた。しかし、入学式の翌日は学校に来ることができなかった。

やはり難しいのだろうか、と心配した。

彼女が中学3年生のときに学校でいじめがあり、そのことを注意した翌日から、いじめの矛先が自分に向かってきたのだそうだ。それから学校に行くことを止め、自分の部屋にこもって毎日大好きなディズニーやスタジオ・ジブリの映画を観て過ごしたという。

──まさか数年後に、その映画の画面から自分の歌声が流れ出す日が来るなんて、ディズニー映画に出てくる魔法使いの仕業のような物語を彼女は演じることになるのだ。

初めてオープンキャンパスにやってきたときの気持ちを、彼女は後にこう表現した。

「新しい環境についていけるのかとか、友達に話を合わせられるだろうかとか、そんなことばかり心配していたんですけど、楽しそうに歌う先輩たちを見て〝歌っていることが幸せならそれでいいんだ。ここは、私は歌うことが好きだって主張していい場所なんだ〟と感じたんです」

きっと、これまでの学校にはそんな場所はなかったのだろう。

いじめのダメージを強く受けているのに、急に頑張ろうとしたから、心と体がついて行けなかったのではないか、学校を休んだことで、自分を責めたりしていないだろうか、と心配になったが、何とか次の日には登校して来ることができた。しかし、わずか10人でレッスンを行う教室に入ることができなかった。

事務所の前で行き場をなくしたように佇む彼女に、

「無理をしなくていいよ、でも毎日ベストは尽くそう」

そう声をかけた。

風邪をひいているのに雨の中を走れば肺炎を起こしてしまう。しかし人はどうしても無理をしてしまう。みんなができているから、もう高校生なんだからと言いながら。

そうではなく大切なことは、今、自分が持っている力を使い切ることなのだ。力を余しているのか、出し切ったかどうかは自分が一番良くわかっている。自分が100%出し切ったと思えればそれでいい。あとは休んで寝る。そして次の日にまたベストを尽くせばいいのだ。そうしていけば、いつか気付かないうちに、無理だったこともやれるようになっているものなのだ。

「まずは教室でレッスンを受ける挑戦から始めよう。きつくなったらいつでも出ておいで。

先生には私から言っておく。そして次の日またベストを尽くそう。それ以上のことはしなくていい」と背中を押した。

初日は授業が始まる前に教室から出てきた。

「よく頑張ったね」

そう言って、私は別の部屋で休むよう促した。

この挑戦を毎日、彼女は続けたのだ。それは他人が思うほど簡単なことではなかったと思う。音楽に対する強い思いがなければ、きっと挫けてしまっただろう。結局、前に進めるかどうかは、どれくらい音楽が好きなのかにかかっている気がする。

少しずつ慣れていったのだろう、彼女は教室で過ごす時間が長くなり、そしてある日、歌ったのだ。

美しく深い響きを持ったその歌声に教室にいた全員が驚いた。たまたまレッスンを担当していた私は、〝歌うために生まれてくる人間は本当にいるんだな〟と思った。

「いい声をしてるね」「すごく良かったよ」と皆から言ってもらえたことが本当に嬉しかったのだそうだ。これほどの資質に恵まれながら、やはり本人はその能力に気付かないものなのだろう。

「自分には家族さえ居ればいい」。そう言って、かたくなに閉ざしていた彼女の心の扉が、音楽に誘われるようにしてゆっくりと開いていく。

「先輩のライブを観に行ってくるとか言い出したぞ」

「先生にこう言われたと、学校の話をしてきたぞ」

と、ご家族も彼女の変化に驚いていたのだそうだ。

その後、在学中にエントリーしたレコード会社のオーディションがきっかけとなり、彼女はメジャーデビューを果たすのだ。しかしそもそもプロになりたいと思っていた訳でもなく、「テレビに出るなんてもってのほか」と言っていた彼女が、よくオーディションを受ける気になったなと思い、後で本人に訊くと、「生徒は全員オーディションを受けるようになっとうとよ、って白津さん（事務スタッフ）に言われたんです。当日オーディション会場に行ったら、うちの生徒は数人しか居なくて…騙されたと知りました」。笑いながら彼女はそう言った。

才能を惜しむスタッフの機転が、〝奇跡の歌声〟とマスコミが大きく取り上げるほどのデビューにつながっていくのだから、人生、何が起こるか解らない。

デビュー曲のレコーディングの際、制作ディレクターは、「彼女の陰りがこの歌の世界を、よりいっそう深いものにしている」とつぶやいたという。彼女の持つ歌声は、いじめから受けたダメージさえ魅力に変えたのだ。

卒業を直前に控えた彼女に、５年後はどうなっていたい？と訊いた。

「5年後には自分の本当の声で歌えるようになっていたい」

静かに彼女はそう言った。

やっぱりこの子は本物だな、と私は思った。４ヵ月後の7月にはスタジオ・ジブリの新作アニメ映画「ゲド戦記」が封切られ、その1カ月前に劇中挿入歌「テルーの唄」がリリースされることが決まっているのだ。マスコミは連日のように、「無名の新人、鮮烈なデビュー」などと書きたてていた時期である。それなのに、そうした喧騒を歯牙にもかけず、彼女はただじっと自分の課題を見据えていた。浮足立ったところなど、どこにもなかった。

「この学校は〝本当の自分〟を発見した場所です」

そう言って彼女は卒業していった。

この言葉は、音楽が持つ教育的効果を見事に言い表わしている、と私は思った。

オリコン初登場で5位という華々しいデビューを飾った彼女は、その後も話題のテレビドラマや映画の主題歌、数々のCMソングを歌うなど、第一線を走り続けている。

小さな教室に入ることすらままならなかった彼女が、今はひとりで業界の大人たちの中で仕事をし、全国ツアーまでやってのけている。本当に強くなったなと感心している。

教室に向かうあの一歩がなかったら、「手嶌葵」が世に出ることはなかっただろう。

彼女がヒロインの声優までやってのけた映画「ゲド戦記」の試写会を観に行ったときのことだ。大画面から聞こえてくるのはまぎれもなく彼女の声だった。彼女は彼女のまま映画の世界に入り込み躍動していた。本編が終わり、エンドロールとともに主題歌「時の歌」が流れだした。この主題歌は私の古くからの音楽仲間である福岡出身のシンガーソングライター新居昭乃さんが書いたものだった。やがて秋吉圭介氏の名前が画面いっぱいに映し出された。私が若い頃お世話になった音楽プロデューサーだった。

音楽は人と人を結び付けていく力があると言われているが、手嶌葵が私の旧い友人たちを再びつなぎ合わせてくれた、そんな不思議な感慨に浸り、場内が明るくなった後もしばらく私は席を立つことができなかった。

2　子どもが「学校を辞める」と言ったとき

開校から5年間は〝ヤンキーの時代〟だった。ちらほらリストカットをしている生徒を見かけることはあったが、ほぼ元気の良いヤンキーたちが学校を席巻していた。彼ら、彼女らは思ったことは口にするし、そのまま態度に出るので、よけいな詮索をせずに済んだ。とてもわかりやすかった。

そして、その真っ直ぐなエネルギーを音楽に向けてやるだけで良かった。生徒たちは一気に音楽にのめり込み、みんなが一体となっていった。学校はいつも明るい笑い声に満ち、来校者からは、「元気一杯、挨拶をしてくれる気持ちのいい生徒さんたちですね」とお褒めの言葉を頂くようになった。

その中心に居たのが、2学年だぶって入学してきた1期生のアケミ（仮名）だった。

中学時代の彼女は、バスケット部に所属する明るく元気のいい女の子だったそうだ。母親はこのまま普通に高校、大学と進学してくれるだろうと何の心配もしていなかった。

ところが、中学卒業後に進学した、いや、するはずだった高校のオリエンテーションでつまずいてしまった。学校生活についての説明があった後、校長先生が「高校時代は勉強さえしっかりしていればいい。良い大学に入ることができれば君たちは必ず幸せになれる」と挨拶した。この言葉に疑問を抱いたアケミは、ひとり校長室を訪ねた――この辺がやはり他の生徒とちょっと違う――「先ほどのお話は本当ですか、本当にそれで私たちは幸せになれるんですか」との彼女の質問に、校長先生は表情を変えずに、「そうだ」と答えたという。

別に東大に入ったからといって幸せが約束される訳じゃなかろうもん、と反発した彼女は、ここは辞めると決心した。…まだ入学式前だった。驚いた母親は、せめて学校に行ってみてから考えても遅くないから、と説得をしたのだが、結局は1カ月で退学してしまう。

あまりの突然の展開に、どこで育て方を間違ってしまったのか、と母親は真剣に悩んだそうだ。「でも今にして思えば、ご近所の手前とか、周りの目を一番に、気にしていたような気がします。あの子に申し訳なかったなと思っています」当時を振り返って母親は後に自嘲気味にそう話した。

子どもたちはそんな大人の都合に気付いて、敏感に反発するのだ。親からすれば我が子がみんなと同じようにしてくれているほうがきっと安心なのだ。そう、それは親側の都合であって、子どもにとっては関係のないことなのだ。どこかで大人の都合を子どもに押し付けていなかっただろうか。子どもたちは、大人のために存在しているのではないはずなのに。

アケミは高校を中退したあとの1年を、何をやるでもなく、ぶらぶらして過ごしてしまう。しかし高校の卒業資格くらいは取っておこうと翌年4月に通信制高校に入学するのだが、机に向かうことはなく、ほとんど単位が取れないまま、また1年が過ぎてしまおうとしていた。この間に、明るいだけがとりえ（私ではなく母親の言葉である）のアケミが、家でだんだん話をしなくなり、髪を金色に染め、苛立ちを家族にぶつけるようになった。

心配した母親がCSの開校を知り、「あなた歌うことが好きだったじゃない」と彼女を引きずるようにしてオープンキャンパスに連れて来た。まだ内装工事が終わったばかりの校舎は、面談室に椅子と机が用意されているだけで、他の教室は音響機材も何も揃っておらず、がらんとしていた。もし騙されていて入学式の日に学校がなくなっていたら、その時はその時だ。一生懸命思いを語るこの学院長を信じてみよう、と母親は腹をくくったのだそうだ。

半ば強引に、母親はアケミを入学させた。

しかし1学期は遅刻や欠席が多く、やっとヴォーカルのレッスンを受けているかと思えば、授業中に手鏡を出して眺めている。歌よりも化粧の方が気になるようだった。

ある日の昼休み、スウェットの上下とキティちゃんのスリッパというお決まりの格好でロビーでくつろぐアケミを見かけ、声をかけたことがある。

「学校生活はどう、楽しいか？」。そう訊いた私を見るでもなく、「だっるいし～、あ～あ、帰ろっかな～」と大きなあくびを返してきた。喉元まで出かかった感情的な言葉をグッと飲み込み、「頑張ろうよ」と月並みな言葉をかけるのがやっとだった。

そんな彼女と同じクラスに、北九州から片道２時間かけて通学してくるケンタ（仮名）がいた。それでも毎朝、誰よりも早く教室に入り、発声練習を済ませて授業に臨んでいた。その彼のひたむきさが、彼女の中で消えかけていた何かに火をつけたのだろう、アケミはケンタと競うようにして学校に来るようになった。

もともとアケミは何事も頑張る子だった。きっと苛立っていたのは、頑張りたいけど何をどう頑張っていいのかがわからずに、周りにあたってばかりいる自分自身に腹が立っていたからだろう。

２学期になると、アケミは無遅刻・無欠席で通うようになるばかりか、まだうまく登校できていない同じクラスの生徒を朝、迎えに行って学校に連れて来るようになった。

「うまく歌えん、悔しい！」。そう叫びながら教室から飛び出してきては、洗面所に駆け込み、じゃぶじゃぶと涙を洗い流して、また教室に戻っていく彼女の姿をよく見かけるようになった。

「歌を頑張り始めたら、高校の勉強も楽しくなった」と真面目に勉強にも取り組み始めた。

当然、家庭でもその変化は表れており、その様子を母親が話してくれた。

「この学校に通うようになって、どんどん昔の彼女に戻っていきました。学校から『ただいま〜』って大きな声で帰ってくるようになって、『今日ね、学校でね…』って当日あったことを、もううるさいくらいに話すんですよね。彼女がだんだん素直になっていくのを横で見ながら、私の方までが忘れかけていた素直さを取り戻していくようでした。今では前の高校を辞めたことが良かったんじゃないかと家族で話しています。あのまま続けていたら、彼女の良いところがつぶれちゃったんじゃないかって。こんなふうに話せる日が来るなんて、夢にも思っていませんでした」

姉御肌で面倒見の良い彼女の頑張りに触発されて、周りの生徒たちが我も我もと音楽に向かい始めた。有り余るエネルギーを持て余していた生徒たちを巻き込んで、彼女を中心にして学校はうねりながらひとつになっていこうとしていた。

「この学校に入って、歌がうまく歌えるようになったとか、楽器が弾けるようになった、曲がつくれるようになったとか、そんなことじゃなくて、人間的に成長できたと思えること、それが一番嬉しい」。そう言ってくれるアケミ、その心の成長が彼女の歌を変えた。聴く人の心を優しく包み込む包容力のある歌を歌うようになった。

卒業から数年後、彼女はＣＳ初の「卒業生のヴォーカル講師」として学校に戻って来ることになる。

3「死にたい」と思ったとき

「小学校の頃からずっといじめに遭い、ごみのように扱われてきたんです。だから私なんか生きている価値がないと思っていました」

菜々（仮名）は泣きながら、そう自分のことを語った。自己肯定感どころの話ではない、自分のことをごみ以下の生き物だと思って過ごしてきたというのだ。確かに学校でも彼女は、いつも他の生徒の言葉や態度に怯え、周りの邪魔にならないように気遣いながら過ごしているように見えた。しかし、やはりそれは耐えきれるものではないのだろう。彼女は入学以来、よく事務所に来ては、泣きながら「死にたい」と訴えていた。まだわずか15年しか生きてきていないのに。

CSでは一日のうち半分が高校の勉強、半分が音楽のレッスンである。シンガーソングライターを育成する学科に入った彼女の主な授業は、ヴォーカルレッスンと作詞・作曲の授業となる。少人数で行われるレッスンとはいえ、人前で歌うことや作品を発表することは、そんなに簡単なことではない。ましてや、これまで自分の意見を言えば馬鹿にされ、笑われ、攻撃されてきたのだ。菜々は、もうこれ以上傷つきたくないとばかりに、心に何枚もの〝よろい〟を着込んでいた。音楽はそんな心のよろいを一枚一枚、ゆっくりとはがしていく。

菜々が書いた初めてのオリジナル曲は、これまで他者との接触を避けてきたことで、彼女の中で蓋をされ、長い時間をかけて熟成された独特な世界観に満ちていた。「すごいね」「いい曲だね」と褒めてくれる周囲の反応に、彼女は驚いた表情をして、「私は人間だったんだ…」とつぶやいた。何と悲しい言葉だろうと思った。ごみ以下というのは、ものの喩えだと私は思っていた。まさか本気で自分のことをそう思う人間がいるなんて信じられなかった。いったいどれ程のいじめが繰り返されれば、人はそんなふうに思うようになるのだろう。

「音楽をやっているときが一番自分らしくいられる」

そう言って菜々は、自分の中の感情をひとつひとつ確認するようにして詞にしていく。まるでその作業によって、彼女は少しずつ人間としての自覚を取り戻しているかのようだった。

しかし皮肉なことに、人間らしいといえばとても人間らしい、憎しみを呼び起こすことになってしまう。「自分がごみじゃないってわかったら、これまで私のことをごみ扱いをしてきた人たちが許せない、という感情が沸き上がってきたんです。でも今はそれが苦しい」。菜々はまた泣いた。

気持ちが沈んでしまうと菜々はしばらく学校を休んだ。ＣＳでもそんなことを繰り返していた。久しぶりに顔をみせたとき、スタッフから「菜々ちゃんは自分の中で解決したら来るもんね」と声をかけられた。それが嬉しかったと言う。自分で考えていいよ、あなたはもう大丈夫だからと認めてもらっている気がしたと言うのだ。

ＣＳを卒業後、菜々は専門学校に進学する。それでもよく授業中に学校を飛び出し、泣きながらやってきた。専門学校でまた、いじめが始まったのだと言う。

「ここに来るまでに何度か川に飛び込んでしまおうと思った」。そんなことを、朝食の珈琲が苦かった、というくらいの軽さで口にする。

ところが、もともと勉強は得意だったこともあり、彼女は現役で税理士の国家試験に合格するのだ。いじめによって、これほどの能力が埋没してしまうところだったのだ。

東京の大手税理士事務所に就職が決まったことを報告にやって来た彼女は、「ＣＳのおかげで税理士になれました」とスタッフや講師に挨拶した。もちろん音楽学校なので、税理士になるための勉強など一切教えていない。

なぜなら、と菜々はこう続けた。「言い方は悪いけど、必要な勉強はお金を出せば教えてくれるところはある。でもここはもっと大切なことを教えてくれた。自分らしくいれることがこんなに楽しい、ということや、夢をもって挑戦することの素晴らしさを学んだ。そうやって自信や人間としての誇りのようなものを取り戻して、勇気をもって一歩踏み出すことができたんです」と。

しかし、上京した菜々をコロナ禍が襲う。知らない街で、毎日毎日、職場とアパートの間を往復するだけの日々。慣れない仕事を終えて同僚と食事に行くことも、愚痴をこぼすこともできない。ひとりには慣れていたはずなのに、寂しいと初めて思ったという。やがて精神的に追い詰められていった菜々は、病院の先生の勧めもあって休職し、一旦福岡に戻ることになった。

また死にたいなんて思ってないだろうか、と心配していたのだが、ある日ひょっこり学校にやってきた。背中にはギターを背負っている。

そして私たちにこう言った。

「何もかもうまくいかなくなって、自分が何者かもわからなくなってしまったとき、音楽があるって思ったんです。もう一度音楽から始めることで自分を取り戻していこうと思います」

音楽が自分自身を見つめていく手段になっているのだ。これからも幾度となく彼女は迷い悩むことだろう。しかしその都度、音楽を使って自分を確認し、軌道修正をしながら進んでいくに違いない。

「苦しいことがあると、曲を書こうと思うんです。苦しみを曲の中に吐き出すことによって、自分の中から手放していってる感じがするから。だから今は、辛いことがあっても、それで曲が書けるんならまあそれもいいかと思えるんです。幸せがいいのか、曲が書けるのがいいのか、悩みどころです」と菜々は笑った。

悩みに押しつぶされるのではなく、悩みをバネにして、もうひとつの別の価値を生み出そうとしているのだ。音楽は彼女をこんなにもたくましく成長させてくれていた。

しばらくの休養期間を経て、彼女は福岡の税理士事務所に転勤させてもらった。きっと今日もどこかで、アコースティック・ギターをつま弾きながら、自分自身とこれからを見据えているのだろうと思う。

4 「特性」に悩んだとき

① 感情が伝わらない

さくら（仮名）は幼い頃から人とうまくコミュニケートできていないと自分でも薄々感じていた。自分の感情が人に伝わらないことを決定的に思い知ったのは、小学4年生のときだったという。

友達からサプライズで誕生日のプレゼントを渡された。嬉しかったさくらは心から「ありがとう」とお礼を言った…つもりだった。それなのに友達は怪訝そうな顔をして、「嬉しくなかったの？」と聞いてきたのだ。このとき、やっぱり私の気持ちは人には伝わらないんだとさくらは思った。

次の日から、今の私の態度はどう受け取られたんだろう、そんなつもりはないのに、嫌な態度と思われていないかな、とそんなことばかり考えるようになった。人と会うことが煩わしくなり、それで学校に行くことをやめた。

以来、中学校にも行かないまま過ごす。ただ元気は有り余っている。学校に行っていない他校の中学生とつるんで、大人や警察官に向かって苛立ちをぶつけた。

やがて高校進学の時期となり、勉強できなくても入れそうだからという理由でＣＳに入学してきたのだそうだ。もちろん音楽に対しても最初からやる気はなかった。ところが、生来の負けず嫌いが功を奏した。クラスメートになめられたくないと、真面目に歌の練習に取り組み始めたのだ。

ＣＳの「音楽祭」で、多くの保護者や友人の前でさくらが気持ちを込めて歌ったときのことだ。歌いながら彼女は自分の感情が、聴いている人たちに伝わっていくのを感じたという。生まれて初めて味わう心地よさだった。音楽を介せば自分の気持ちは伝わるのだ。

見つけた！と、さくらは思ったのだそうだ。

それから彼女は音楽に夢中になっていく。ところが音楽のことが分かってくればくるほど、その難しさも知ることになる。あるとき、さくらは笑いながらこう言った。

「これまでスポーツは万能で、何でもうまくできた。でも音楽だけは全然うまくいかんのよ。練習しても、練習しても逃げられるって感じ。だけんまた追いかけていく。なんか恋人みたいなんよね」

いつの間にかさくらはこんな風に、自分の気持ちを言葉で表現できるようになっている、と感心した。

CSのレッスンは、本人さえちゃんとすればプロとしてやっていけるだけの力はつくレベルで行っていた。自分は趣味でやっていきますからという生徒にも、だったら適当なところで、とはならない。目的はプロになる、ならないではない。音楽を通して自らを見つめ、豊かな人間性を育むことなのだ。自分の長所や弱点、技術や知識の程度を見据え、世界にひとつだけの個性を形にしていくのだ。

ところが、意外とその個性は、自分が一番苦手だと思っていた部分、コンプレックスのそばにあったりもする。

私は、人間というのはゴムボールのようなものだと思っている。どこかが凹んでいるところがあれば、その裏側が飛び出ているものだ。しかしこれまでの教育は、どうしても凹んだところにばかり目が行ってしまい、そこを人並みに戻そうとしてきた。しかし欠落したものを埋める試みには苦痛が伴う。でもその裏側を覗けば、そこに才能を見いだすことができるはずだ。その才能を伸ばすことのほうが、親も子も楽しく取り組めるに決まっている。何よりその子の自信も誇りも奪わずに済むのだ。

しかし自らの個性を開花させるということが、そんなに簡単であるはずがない。やはり音楽そのものに魅力がなければ、皆、途中で投げ出してしまうことになるだろう。

さくらは、課題曲のワン・フレーズが、どうしても思うように歌えなかった。もう３カ月近くその曲と格闘していた。講師の先生と相談して、その曲はしばらく保留とし、別の曲を練習しようということになった。新しい課題曲がなんとか歌えるようになったとき、数カ月ぶりに前の曲を歌ってみると、驚くくらいスムーズに歌えたのだそうだ。

この経験からさくらは、今日できないことも、できることをやり続けていればいつかできるようになるということを学んだ、と言った。

これまでは、ゼロか百かのどちらかしかなく、ちょっとでもうまくいかなければすぐに放り出していた。人間関係でさえも。しかし何をやったとしても、初心者が最初からうまくできる仕事などこの世にはない。そこで投げ出してしまえば、続けられる仕事はなくなるのだ。

「今は何でも、一旦音楽を前に置いて考えるようになったんです。アルバイト先でも、うまくいかないことがあれば、今できないことでもそのうちできるようになるから、投げ出さずに努力しようって、そう思ってやってると、そこでの人間関係までうまくいくようになったんですよね。今はね、もがいているときほど、生きているなって気がするんですよ」と、そのプロセスを楽しむまでになった。

音楽に出合っていなかったら、どうなっていたと思う?とさくらに訊いたことがある。

彼女はいたずらっぽく笑いながら、「ここに来なかったら捕まっとろうや」と答えた。

しかし本当はそんな子ではない。優しくて真面目な子なのだ。自分の感情が人にうまく伝わらないといういら立ちが、これまで彼女をそうさせてきたのだと私は思った。

② こだわりが強すぎる

涼太（仮名）はCSに入って2年目の終わりに同期の生徒から、「みんなお前のことを嫌ってるよ」と面と向かって言われた。

「まじ…」。まさかそんなことになっているとは思ってもみなかった。

その頃のこと、ステージを模した教室の照明の位置を変えてくれ、と私に言ってきたことがある。その理由を彼から聞いた後で、「君の演奏スタイルからすればそうなのかもしれないけど、バンドもいるしダンスもある。いろんなパフォーマンスをする生徒がいるから全体感に立てば今の位置がベストなんだよ」と私は、噛んで含めるようにして話した。

「…わかりました、でも嫌なんです」。唇を震わせ、180センチを超える身長の涼太がそう言って、立ったまま泣いた。

ここから飛び降りたら、俺をいじめている奴らはどう思うかな。涼太は小学生の頃、3階舎の窓を拭きながら、ふとそう思った。こだわりが強く、納得がいかなければそこから動けなくなるところがあった。幼いころから対人関係がうまくいかず、クラスの中でも浮いてしまう存在だった。

中学生になり野球部に入るのだが、顧問から厳しく叱られることも多く、体罰も受けた。やがて練習に行こうとすると、おなかが痛くなった。

それが不登校になった原因か、と問われるとそうでもない気がする。よく手入れされたグラウンドでも、つまずいて転ぶことがある。原因はささいなことだったのかもしれない。ただ自分には「そのとき立ち上がる力がなかったのだ」と涼太は言った。

母子家庭だった。母親は朝早くから仕事に出かける。その職場に涼太は電話をかけ、今日は休むと学校に電話して欲しいと頼むのだ。学校の決まりだからと、律儀な親子は毎日それを繰り返した。母親の精神的負担は察するに余りある。

時には、「おなかが痛いなんて嘘でしょ、嘘を言ってずる休みしているんでしょ」と母親からなじられることもあった。母親は母親で、息子が不登校になったのは自分の離婚が原因で、幼いころからそばに居てやれなかったことがいけなかったのではないかと自分を責めていたのだ。

涼太からすると、母親からは学校に行けと責められ、学校では来るなと言われている気がした。学校にも家にも自分の居場所を見つけることが出来ずにネットに逃げ込んだ。そこには「ニコニコ動画」や「歌ってみた」で楽しそうに歌っている人たちがいた。

中学2年生になると学校の対応が変わった。これまで何が何でも学校へ来させようとしていた先生たちが、無理強いをしなくなった。皮肉なもので、無理をしなくていいとなると、行けるときには行こうと、少しずつだが涼太は学校に足を向けるようになり、卒業の日まで2日行って3日休むペースで登校をした。

次第に母親との関係もよくなり、仕事が休みの日にはよく一緒にカラオケに行った。母親は若い頃バンドのヴォーカルをやっていた。

3年生になった涼太はCSのオープンキャンパスに参加した。在校生たちが楽しそうにしている姿が印象的だった。当時の自分にとって学校はきつい場所だとしか思っていなかったが、ここだったら自分を認めてもらえるかもしれない、そんな気がしたのだそうだ。

「ここから自分の人生のすべてが始まった気がします」と後に涼太はそう言った。

やる気に溢れていた涼太は、入学して1カ月もたたないのにバンドを組み、先輩と一緒にステージに立ったり、放課後に学校のスタジオを借りてライブをやったりと精力的に活動した。しかしそのたびに周りの人とぶつかった。他人の意見を取り入れたり、自分が思ってもいないことをやったりすることが苦痛だった。俺はこれだけ頑張っているんだから、といつも相手に変わるよう求めた。

そんな彼の大きなターニングポイントは、CSでピアノの弾き語りを始めたことだったと思う。きっかけはある講師から、表現を学ぶ上で参考になると思うよと渡された弾き語りの曲だった。どうせやるならこのスタイルのままやりたい、と全く経験がないのにピアノの練習も始め、3カ月後の文化祭には弾き語りで出演すると決めた。できる、できないじゃなく、やりたいんだ、と夏休みは一日も欠かさず学校に来てスタジオに入った。

彼の特性がここで力を発揮する。何せ、類いまれな集中力を持っているのだ。たったの16小節のフレーズを延々と繰り返し練習できる。防音されているとはいえ、隣の部屋に薄く音は聞こえてくる。私の部屋と壁一つ隔てたスタジオを使って練習した日は、永遠に続くかのように繰り返される同じ歌に、こちらの具合が悪くなりそうになった。

3年生になると曲作りを始めたことでCSの音楽ディレクターとの接点が増え、理論や技術的なことに加え、涼太は音楽に対する考え方、向き合い方が変わっていった。

今も大切にしているディレクターの言葉があるという。それは、「今あるリソース（資源）でやる」という言葉だ。曲を作るときも、ライブをやるときも、今の自分が持っているものの範囲の中でやらなければいけない。そんなあたりまえのこと、と思われるかもしれないが、私はさすがだな、と思った。なぜなら、ロック・ポップスが持つ創造の自由さは、ときに表現者に際限のない妄想をもたらす。頭の中ではでき上がっているからと、今の力ではとうてい表現できない曲に挑みたくなるものなのだ。無謀なその試みはほとんどの場合、力及ばず自爆してしまう。そこから得られるものは少ない。

だから曲を作るときも、バンドをやるときも、今の自分が持っている音楽的資源の範囲の中で表現していくことが大事なのだ。謙虚に自分を見つめていかなければならない。そこにはじめて説得力が生まれる。妄想と自爆を何年繰り返しても、自分がやるべき音楽にたどり着くことはほとんどない。

涼太はその後、ライブをやり、オリジナルCDを制作し、プロモーションビデオも作った。必要なものが揃うのを待つのではなく、今できるところから形にしていった結果であり、確実にステップアップしていった。

その姿を後輩たちはじっと見ていた。ここに来た頃は人との関わりがうまくいかず、周囲から疎まれていた涼太だったが、いつしか後輩たちが彼の周りに集まってくるようになり、楽曲やプロモーションビデオの制作、ライブではバッキングを手伝うなど、生徒たちの輪の中にはいつも彼が居て、音楽的な支えになっていた。

「そういえば、最近は周りの人とぶつかることがなくなったよね」。あるとき私がそう訊くと、彼は晴れ晴れとした表情でこう応えた。

「もう音楽が僕の事を分かってくれますから。そう思うと、人と少々意見が合わないことがあっても、まっいいかって流せるようになったんです。そんなことに煩わされるより音楽に時間とエネルギーを使おう、と見て見ぬふりをしてたら何故か人間関係もうまくいくようになったんです。ずっと周りの人に変われよって思ってきたけど、自分のこだわりを押し付けることがなくなったら、いつも楽しくして居られるようになりました。当然うまくいかないことはこれからだってたくさんあるだろうけど、いつもここに音楽が居てくれますから」。そう言って涼太は、自分の胸のあたりに手をやった。

こうしてゆっくりとだが確かに、彼は他者や社会に対しての〝折り合いのつけ方〟を学んでいったのだ。折り合いをつけるという行為は、自分を変えるのではなく、相手との関わり方や距離を変えることなので、自己否定に向かわずに済むのだ。

5 「依存症」になったとき

宮崎からやってきた直哉（仮名）は、できのいいお兄さんといつも比べられてきたことで、幼い頃から劣等感にさいなまれ、高校2年生のときに引きこもったという。

家族とも話をしなくなり一日中ゲームばかりやって過ごしていた。楽しかったからではない、ゲームをやっているときだけが現実を忘れられるから、自分の今と向き合わずに済むからそうしていた。彼にとって生きるということは、毎日時間を食いつぶすことだった。

母親がCSへの転校を強く勧めたのだそうだ。

宮崎県からの入学となる。実家から通えない生徒は、学校が提携している寮に入ることになるので、彼とすれば家族と離れて暮らせるのなら、と承諾したようだ。今さら学校に行きたかった訳でもなかったし、また行けるとも思っていなかった。ただもう少し現実から離れられる気がしたのだろう。

もしかしたら、そのとき母親も目の前の現実から手を放そうとしたのかもしれない。

直哉が入寮した学生専門の寮は、寮母さんが常駐して生徒たちのことを昼夜見守ってくれるので、学校としても開校以来安心して紹介してきた。

ある夜彼は、その寮で病院からもらった睡眠薬を全部飲んでしまったのだ。

翌朝、「様子がおかしい」と寮から連絡があり、担任の松本が駆け付け、病院で処置をしてもらった。薬は福岡の心療内科で、眠れないからともらったものだそうで、松本には、「死ぬつもりはなかった。今を忘れたかったから」と話したそうだ。

寮の責任者の指示で保護者を呼ぶことになった。車で5、6時間の道のりなのだが、父親は取るものも取り敢えずといった感じで駆けつけてくれた。そこで寮の方から、今後薬は寮母が管理し、毎晩適量を本人に渡す。もしこういうことが次に繰り返されれば寮は出てもらう、との条件が出されたそうだ。

学校としてはすでに生徒の1人暮らしは認めない、と決めていたことから（開校時はどこから通うかは本人・ご家族の自由としていた。結果、他県から入学する生徒はアパートの1人住まいの生徒が多かった。しかしまだ14、15歳の子どもなのだ。自己管理できるはずもなく、そこが生徒たちのたまり場になり、学校も休みがちになったことから、アパートの1人暮らしは禁止した、という経緯がある）福岡に頼れる親戚が無い直哉は、寮を出されるとイコール退学になってしまう。

担任の松本は、そうはさせたくないと直哉に寄り添った。

「こんなに苦しいんだ、誰か助けてくれ。俺はこれだけサインを出しているのに、と彼が叫んでいるように感じるんです」。そうした松本の心配をよそに、直哉はまた薬を大量に飲んでしまう。薬は寮で管理していたはずなのに、どこから手に入れたのかと問いただすと、宮崎の母親が直哉にせがまれて、お菓子の箱にしのばせて薬を送っていたのだ。

もしかしたら母親は直哉に脅されたのかもしれない。しかし一気にそれを飲んでしまうことの危険性を知らなかったはずはない。もはや母親の力では、どうすることもできなかったのだろう。

「ご家族と協力関係が結べないのであれば、寮としてもどうしようもありません」。直哉は、寮を出るよう促された。

そして次の日、直哉はまた薬を飲んだ。

このままでは本当に死んでしまうかもしれない。一旦、親元に帰そう。そう思った松本は父親に連絡を入れるが、連日のことで仕事の都合がつかないから行けない、と電話を切られたそうだ。松本から報告を受けた私は、お父さんをもう一度説得することにした。お父さんは仕事が…と繰り返していたが、「これ以上大事な仕事があるとは思えない」という私の言葉に、「なんとかします」と力なく答えた。

松本は直哉をひとりにすることができないと、父親が来るまで彼のそばにいることにした。すぐに宮崎を出たとしても福岡に到着する頃には日付は変わってしまう。しかし寮には、20時以降は家族以外は入れないという決まりがある。そこで松本は状況を寮母さんに説明し、直哉を外に連れ出す許可をもらった。

先生の責任のもとなら、と寮母さんは承諾してくれたそうだ。一緒に食事をし、スーパー銭湯に行き、父親の到着を待った。松本の携帯に、今着きましたと父親からのメールが入ったのは午前0時を少し回った頃だった。

夜が明けるのを待って、ＣＳのソーシャルワーカーが紹介した病院を３人で訪ねた。しかし受診後、直哉は「もうここには来たくない」と言い出した。病院とどんなやりとりがなされたかはわからないが、父親も「こんなところには息子は任せられない」とすごい剣幕だったそうだ。

松本から電話で報告を受けたスクールソーシャルワーカーは、すぐに依存症専門の別の病院と掛け合って、その日のうちに受診できるよう手配をしてくれた。

その足で３人は新たに紹介された病院を訪ねた。

そこで直哉は、「君は薬物依存症なんだよ。でも治療すれば大丈夫。治るから」と院長先生に言われたことで、やっと落ち着いたそうだ。

即入院をと勧められたのだが、廊下には鍵がかけられ、すべての窓には鉄格子がはめられているのだ。直哉は入院を拒んだ。こうした病院は本人の承諾がないと入院はさせられない。「息子は入院したくないと言ってます」と言う父親に、松本は「彼と話す時間をください」とお願いした。

直哉は松本にも「一旦帰らせてください」と頼んだそうだ。でも、もし帰ってしまえば、もうここに来ることさえ辛いと思うかもしれないし、来られたとしてもそれまでに何日ひとりの夜を過ごさせてしまうかを考えたとき、「心配でそれはできない」と松本は正直な気持ちを伝えたそうだ。

「先生にまかせます」。直哉がそう言ってくれたことで、その日のうちに入院となった。

数ヶ月後、病院の1室を借り、直哉と松本と私の3人だけの卒業式を行った。直哉はこの施設からスクーリングや試験に参加し、通信制高校の卒業資格を取るまで頑張ったのだ。

「この病院でいろんなスタッフの方々と知り合いました。いつか自分も患者さんたちを救っていける人になりたいと今は思っています」

目標が見つかったからか、直哉は私たちに嬉しそうにそう話してくれた。

ゲームや薬物に依存する自分と向き合い、やがて迎えた春。鉄格子がはめられた窓の向こうで、桜の花がゆっくりと大きく風に揺れていた。

後日、退院し地元宮崎に帰ることになったとの連絡を父親から頂いた。

彼の卒業を待っていたかのように、心を病み、死のうとする生徒も少なくなっていった。

人は人と心を通い合わせ、つながることを自然と求める動物なのだそうだ。しかし、つながる相手がいないとき、人は安心感を求めて人間以外につながる対象を探し始め、その結果、延々とスマホを見たり、ゲームをしたり、大人だったらお酒を飲んだりする。つまり、依存の原因は薬物やお酒、ゲームではなく〝孤独〟なのである。

最後に、ゲーム依存を経験した別の生徒の母親から頂いた手紙を紹介したい。

「中学3年になると反抗期も加わり、何に対してもやる気がなく、返事さえもしてくれない地獄のような毎日になりました。毎日、朝までゲームをしては昼間寝ているという、まさにゲーム依存の状態だったと思います。高校は不登校だった生徒が多数在籍しているという学校に入学しましたが、やはり1週間で行けなくなりました。

同じ状況で苦しんでいる保護者の方の参考に少しでもなればと思い、息子のことを包み隠さず書きます。息子は中学1年の冬の頃から学校に行かなくなりました。もしかしたら行けなくなったのかもしれません。幼い頃は、とても優しくて明るく元気な子でした。学校に行けなくなった理由は家庭環境にもあったと思います。まだ物心つく前から母子家庭でした。息子のためと信じて、朝から夜遅くまで休みも取らず働いていました。毎晩疲れた顔をして帰宅し、相談どころか会話すらできない生活でした。明るかった息子は、いつしか無口な子に変わっていきました。

その頃、息子を小さい頃から可愛がってくれていた主人と再婚、息子が通えそうな学校を一緒に必死で探しました。そうして見つけたのが御校です。息子が音楽に興味があることは気付いていました。藁をもつかむ思いで転校に踏み切りました。でも、1年生の間は月に片手の指でも余る出席日数でした。

これまでの先生でしたら無理にでも息子を学校に連れていこうとしたのですが、今度の先生は、息子と同じクラスの生徒たちを連れてたびたびやってきては、みんなでゲームをして『楽しかった、じゃあまた来るから』と帰っていくのです。

親の私たちは焦り、悩みました。先生方の『どうか焦らず、お子さんを信じて見守ってください』という言葉も上の空、息子の将来を思うと不安に押しつぶされそうでした。

その日は突然やってきました。子どもを思うあまり、静かな、そして確かな成長が見えなくなっていたのだと思います。息子だってこのままじゃいけないと分かっていたのです。立ち上がる時が遅かったからといっても、過ぎてしまえば大したことないと気付きました。

先生方のご指導のおかげで、無事御校を卒業し、専門学校に進学してまだ３ヵ月ですが、なんと無遅刻無欠席を更新中です！　時々そちらにも顔を出していると聞き、卒業してからもお世話になっているようで、ありがたい気持ちでいっぱいになります」と結ばれていた。

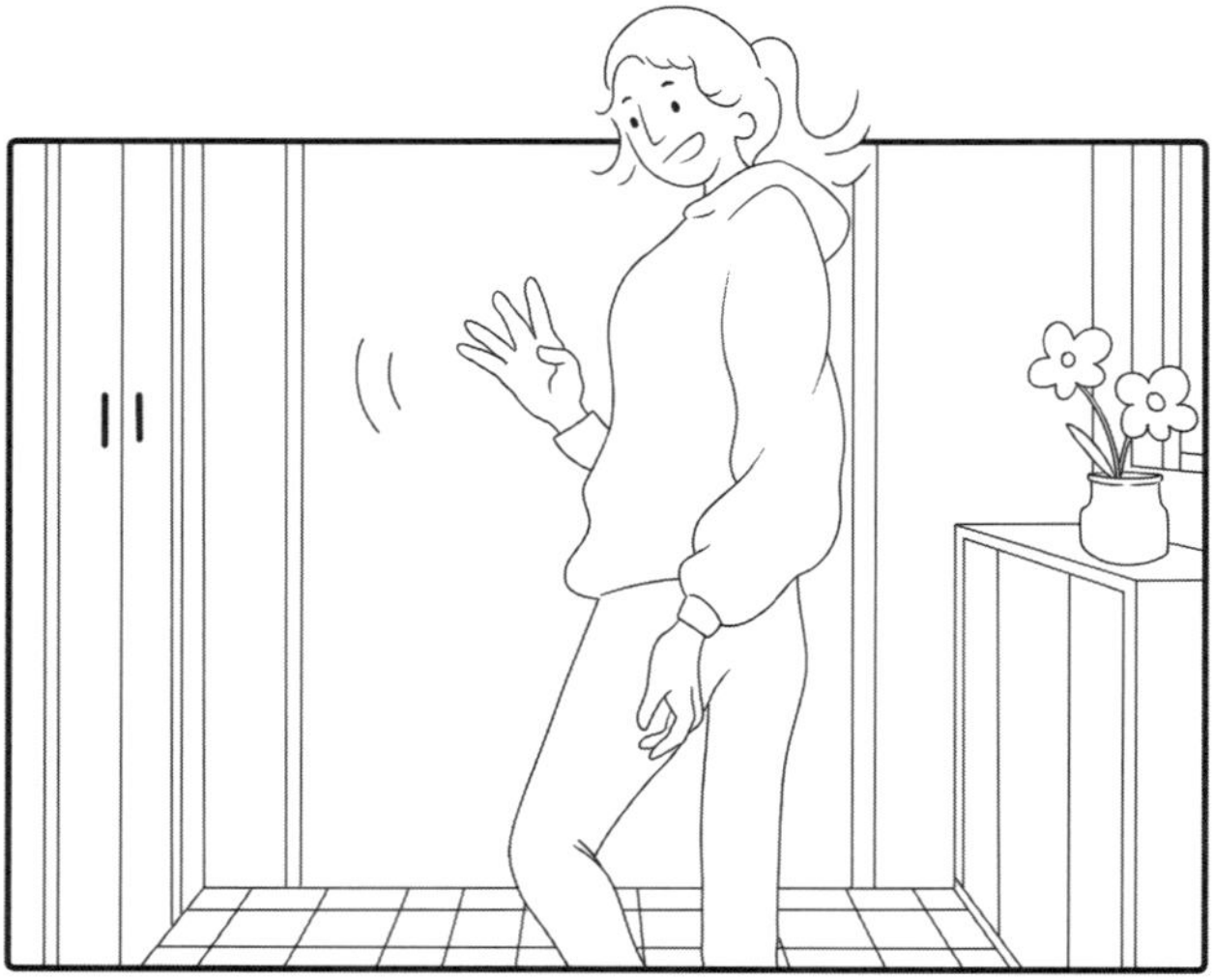

６「親の役割」について

「そうですねえ、ここを卒業したらもう、後は自分の力で生きていってもらわんとですねえ」卒業後の進路をどうお考えですか？という担任の問いに、和樹（仮名）の母親はそう答えた。それを隣で聞いた和樹が「飯もろくに作らねえくせして、こんなときだけ母親面するんじゃねえ！」と大声を出したのだ。

しかし母親も負けてはいなかった。「何ね！　親に向ってその口の利き方は。もう知らん。あんたなんか父親のところに行けばいい」。両親は離婚を前提に別居していた。「おお、行くさ。行きゃあいいんやろ！」「行きなさい！」「行くっていいよろうが！」と、進路どころの話ではなくなってしまった。

そこで「ちょっと和樹を別室に」と担任に連れ出してもらうことにした。

父親が家を出て以来、仕事を始めた母親は帰りが遅くなることも多く、家に居るか居ないかわからない和樹のために夕食を作ることが少なくなっていたのだろう。

「あいつ、わあわあ言ってましたけど、私には『お母さんの温かいご飯が食べたいよ』と言ってるようにしか聞こえなかったんですけど」との私の言葉に、母親は「そうでしょうか、私にはそうは聞こえませんでしたけど」とにべもなく言いきった。取り付く島も無かった。

そうこうしていると隣の部屋から担任が戻ってきた。

「お母さん、今、和樹が何て言っていると思います？　あいつは、『親父とお袋が仲が悪くなって喧嘩してるのは俺のせいなんよ。俺が悪いっちゃ、わかっとうと。本当は謝りたいと思っとっちゃけど、顔を見たらどうしてもああ言ってしまうちゃんね、先生ね、俺が悪いとよ』と、そう言って泣いてる」と言うのだ。

担任の言葉が終わらないうちに母親は「そんなことはないのに」と机に顔を伏せて号泣した。寂しいときに寂しいと言ってくれるのであれば子育てはそんなに難しくはない。しかし子どもは決まって、寂しいときに「寂しくなんかねえよ」と言い、悲しいときに「悲しくなんかない」と言うのだ。

その表面的な態度や言葉にこちらが反応してしまえば、いつまでたっても子どもの心の中にある〝真実の姿〟にたどり着くことはできない。

泣き止むのを待って「どうですかねお母さん、あいつのために温かいご飯つくってやれませんかね？」と提案してみた。「頑張ればできます」と母親は言ってくれた。「それ、あいつに伝えてきていいですか」と言うと「お願いします」と言うので、隣の部屋に行き、うなだれて椅子に座っている彼に、「お母さんがな、おまえのために温かいご飯作ってくれると言いようぞ。でも、忙しい中そうしてくれるんやから、晩御飯は絶対家で食べますっておまえは約束せんといかん。その約束ができるんやったら私からもお母さんにお願いしてやる。どうや、その約束ができるか」と訊いた。素直に首を縦に振ったことがないのだろうか、和也はぎこちなく2度、頷いた。それを母親に伝え、２人は帰っていった。

数日後、学校内で和樹を見かけたので声をかけた。

「どうや、お母さん温かいご飯作ってくれようや？」という私の問いに、和樹は初めて見せる赤ん坊のような無垢な笑顔で、照れもせずにこう言った。

「うん、それがっさ、結構美味いっちゃん」

7 「自己肯定感」を高めたいとき

日本の子どもたちは先進国の中でも突出して自己肯定感が低いと言われてきた。その原因はどこにあるのだろう？

誰もが子どもの頃、一度は経験していると思うが、バスの中で「みんな静かにしてるでしょ」「そんな我がまま言っている子なんてひとりもいないでしょ」と注意された。つまり、〝みんな〟が基準であり、みんなと同じようにしていなさいと躾けられてきたのだ。

学校でもそうだった。「集団（みんな）のために定められた規則」を守るよう指導されてきた。物事の良し悪しの基準が〝みんな〟にあるのだから、みんなと同じようにできない子は劣っている子となり、みんなと違う子は制裁を受けてもしかたない存在となってしまう。ここに日本特有の「いじめ」の構造があるように思う。

当然、子どもたちは周りばかりを気にするようになる。みんながどうしているか、自分は、ずれていないだろうかと。こうして、みんなとの比較によって自分の価値を推し量ろうとする。

そんな人が自己肯定感を培うことは難しい。なぜなら、その〝みんな〟は変わっていくのだ。中学時代、いつもトップクラスで優秀とされてきた子が、県内一の進学校に入ると成績が中の下になったりする。いきなり自信は奪われてしまう。

私は、自己肯定感は心の土台だと思っている。この土台ができていないのに、いくら知識や技術、学歴などを積み重ねたところで、それは砂の上に旗を立てているようなもので、社会の荒波に遭えば一気に押し流されてしまうだろう。

幼稚園のときから皆と同じスピードで行動するのが苦手だった莉子（仮名）は、お昼のお弁当の時間内に食事を終えることができず、いつも1人だけ残って食べ続けていたそうだ。

そんなある日「ここで食べなさい」と先生から小さな部屋に連れて行かれて鍵をかけられた。管理上やむをえなかったのだろうが、莉子からすれば、ひとり小さな部屋に閉じ込められて鍵までかけられたのだ。さぞかし怖かったことだろう。その恐怖がトラウマになって莉子は幼稚園に行けなくなってしまう。

やがて小学校に上がるが、勉強も人より時間をかけないと理解できなかった。そのことでいじめられ、結局小学校にも行けなかったそうだ。

莉子にとって安心できる空間は家庭しかなかった。しかしその家庭は小学校2年生のときに壊れた。莉子とお母さんは父親から逃げるようにして、おじいちゃんの家に転がり込んだ。おばあちゃんは莉子が生まれる前に亡くなっていた。

転校した小学校には、なんとか通うことができたものの、莉子が中学生になった頃からおじいちゃんの様子がおかしくなった。認知症が始まり、長くうつ病で苦しんできたお母さんと激しく口論するようになったのだ。

自尊心や自己肯定感を育む場所はどこにもなかった。学校で疲れ果て、やっとの思いで家にたどり着いても、そこは莉子にとって心癒やせる場ではなかった。いつ終わるともしれない争いから逃れるように、自分の部屋にこもり、莉子は大好きな絵の中に避難した。絵を描くことに没頭しながら、喧嘩がおさまるのを待った。

中学1年生のときの担任は音楽の先生で、普段はとっつきにくいが、こと芸術の話になると人が変わったように情熱的に語り出す人だった。莉子の絵をすごく褒めてくれ、「莉子は大丈夫だよ、これからもうまくいくよ」と優しく励ましてくれた。

2年生になると、新しい担任とうまくいかなかった。これまでのように絵を見てもらおうとしても、「俺はこんなの全くわからんから」と返された。

学校に居場所がなくなった気がした。

彼女が通っていた中学校は当時荒れていて、先生が生徒に向かって「おとなしくせんと殺すぞ」と、莉子からすれば、冗談とも本気ともとれるような口調で怒鳴っていた。

家ではおじいちゃんとお母さんが物を使って殴り合い、いつか本気で殺し合いを始めるんじゃないか、と心配するほどだったから、先生の言葉は莉子の心に鋭利なナイフのように突き刺さった。

家に居ても、学校に居ても、心が休まる場所などなかった。唯一、絵を描いている時だけ莉子はすべてを忘れることができた。

その「殺すぞ」の先生からある日、自転車を2列で下校していたことを咎められた。

「何をしたのかわかっとうのか！」と恫喝された。

自分には身に覚えのないことだったのに、一方的に叱られ続けた莉子は、もう終わりかもしれないと思った。この学校ではこれからずっと犯罪者と同じ扱いを受け続けるのだ。

「明日から自転車での通学を禁止する」と先生に言われたとき、十数キロある荷物を背負ってあの坂道の多い通学路を歩いて往復する自分を想像し、もう無理だと心が折れた。莉子は、また学校に行けなくなった。

それからは毎日、家で好きな絵を描いて過ごした。この頃、好きな音楽とも出合い、音楽に合わせて絵を描くことを始めた。現在の音楽イラストレーターに繋がっていく作業は、とても楽しい時間だった。

ところが、周りの大人から、「音楽や絵は娯楽なんだ。お前はやるべきこともやらずに娯楽に逃げているダメな人間なんだ」と言われた。

そうなんだと莉子は思った。自分はやるべきこともできない最低な奴なんだと。

どうしても、世の大人たちは「絵とか音楽じゃあ飯は食えないから、もっと現実を見ろ」とつい言ってしまう。しかしすべてを経済的価値ではかろうとするその尺度が、現代の子どもたちの心を、こんなにやせ細らせてしまったのではないだろうか。

子どもたちが生きていくために、お金を稼ぐ術を身につけていくことはもちろん必要なことだろう。しかし絵や音楽を奪うことで生きていく意味さえ失ってしまうことになりかねないのだ。少なくとも自信を奪ってはいけなかった。子どもたちの可能性の扉は、自信を失うときに閉ざされてしまうのだ。

それでも莉子には絵や音楽があったから前に進もうとすることができた。高校進学のときを迎えた莉子は、先生から紹介される学校の案内を見ながら「ここだったら音楽やれるかな?」「軽音楽部はあるのかな?」と考えている自分に気付いた。結局自分は音楽がしたいんだ、とそう思った。

ＣＳのオープンキャンパスにやって来た莉子は、「ここでカチッとはまった音を聞いた気がした」と言った。

入試直後におじいちゃんが亡くなった。

亡くなる間際は、おじいちゃんも意識がはっきりしていて、こんな学校に行くことにしたよと莉子が報告すると、「好きなことをして生きていきなさい。そしてどんどん自分から人に話しかけて、いろんなことを得ていきなさい。自分から行かないと駄目だよ」と言ってくれた。

ＣＳに入ってからは、おじいちゃんの言いつけを守ろうと、一日ひとりに飴やお菓子を配っては話しかけた。「ありがとう」と返してもらったわずかなやり取りでも、10秒しゃべれたから今日はいい日だった、と思えた。そして明日もいいことがありますようにと願った。

１週間もすると同級生の女の子たちは、一緒に教室を移動したり、昼休みを一緒に過ごしたりしながら、いくつかのグループができはじめていた。莉子は小学校のとき、そうしたグループからいじめられてきたことから、集団に入ることが嫌で、距離を置いていた。そんなとき、もうひとり、グループから外れている人を見つけた。

――友達と、変わった

それが芽依（仮名）だった。その子はいつもロビーの柱の陰に隠れるようにして立ち、うつむいたまま誰とも話そうとしていなかった。彼女なら友達になれそう、そんな気がして、「今日一緒にお弁当食べない」と声をかけた。いいよと言ってくれたのか、言わなかったのか、よく聞こえなかったが、芽依は莉子の後をついてきた。

そんな芽依に対する印象が変わってしまう出来事があった。ギター学科に所属していた莉子だったが、選択授業でヴォーカルレッスンを履修した。そのクラスに芽依がいたのだ。講師の先生から「次、芽依歌って」と言われ、マイクを取った瞬間に、それまでうつむいて消え入りそうにしていた芽依が、どこのスイッチをどう入れたのか、顔を上げ、真っすぐに前を向き、それはそれは堂々と力強く歌ったのだ。すごい声量だった。

カッコいい、すごいヤツがいた！と莉子は衝撃を受けた。絶対に友達になろう、と決めた。外の世界っていろんな人が居るんだなと思った。これまで怒る人とか喧嘩をする人、集団で行動する人しか見てこなかったけど、自分で考えて、思うようにやってる人がこんなにいる。思い通りやっていっていいんだ。そう思った。

その後、芽依とユニットを組み、自分も眩しいステージに立った。

卒業後は、フリーのイラストレーターとして活動している。行政の広報誌のイラストを担当したこともある。ミュージックビデオを制作したり、イラストと音楽を融合させたライブもやっている。表現者として歩み出した莉子はこう言った。

「絵や音楽は娯楽なんかじゃなかった。私が私らしく生きていくための武器だった」

――親も、変わった

好きなことをやって収入を得ている莉子を見て、小さい頃から娘を否定し続けてきた父親が、「自分も長年やりたかったことをやる」と30年近く勤めた会社を辞め、長距離ドライバーに転職したそうだ。昔から車が大好きだった父親の50歳の転身だった。

その父親も帰って来て、また３人で暮らし始めた。ばらばらだった家族が、新しいつながりを模索し始めた。

8 「社会性」を養いたいとき

小学校の頃は成績優秀。テストは90点以下は取ったことがなく、スポーツ万能。マラソン大会ではずっと学年で1位。絵を描かせれば県展に出される。そんな小学生だったミツキ(仮名)が中学生になって初めてつまずく。

算数が数学に変わり、授業に x と yが出てきた。どう考えても意味がわからない。そこで先生に「これ社会に出てからも使いますか?」と訊いたところ、言葉を濁されたのだそうだ。きっと小学校までの勉強をしておけば生きていける、そう思ったミツキは、それから授業に出なくなったという。

自宅は中学校のすぐそばにあり、玄関を出て校門をくぐるまでに2分とかからなかった。しかし、学校にあまり行かなくなり、たまに行ったとしても教室には入らず、授業中も先輩や仲間たちと校庭で遊んでいた。担任の先生が教室に戻るようにと追いかけてくるのを、まるで鬼ごっこを楽しむかのように逃げ回っていたという。とうとうそのグループだけ別の教室に押し込まれ、授業が終わるまで鍵をかけられた。しかしそれでも窓から抜け出してはそのまま家に帰っていたそうだ。

当然、母親には毎日のように担任の先生から電話がある。今日のミツキはああでした、こんなことをしでかしました、とひとしきりの報告の後、「ご家庭でもしっかり指導してください」といつも締めくくられて電話は終わる。多くの母親は、ここで感情的に我が子を厳しく叱ってしまう。

フランスの思想家、ルソーによると、思春期の子どもたちは熱病にかかったライオンのようなものらしい。自分で自分の感情をコントロールできず、もがき苦しんでいる獰猛なライオンなのだ。そんな時期に説教や文句を長々と言ったり、親の力でコントロールしようなどとすれば噛みつかれてしまうか、家を飛び出してしまうだろう。夜の街に出てもスマホひとつあれば、女の子を泊めてくれる大人たちはネット上に群がっている。こうして転がるように落ちていく若者も少なくない。

ところがミツキの母親は違った。「今日も先生から電話があったよ〜」と言うだけで、ミツキを咎めることはなく、それどころか学校にも行かず昼間から娘の部屋で遊んでいるミツキの仲間たちにジュースやケーキを用意し、夜は手作りの料理でもてなしてくれるのだ。時にはみんなでレストランに繰り出してご馳走してくれた。こうして、どこよりも居心地のいい〝たまり場〟を作ってくれたのだ。

おかげでミツキも仲間たちも夜中に遊びに出たことは一度もなく、毎晩7時には決まって家にいたそうだ。

ミツキが髪を金色に染めて先生から連絡がきたときも、「ミツキさん、中学校は金髪ダメらしいよ。知らんやったちゃろ。ねえ染め直そうか」と言ってきた。ミツキが嫌だと言うと「じゃあさ、茶髪ならどうね」と勧めてくる。当然、先生から電話がある。「どうやら茶髪もダメらしいよ。黒は嫌?……そっか」と言って、学校に「先生、どうしても嫌って言うんですよ。どうしましょう」と電話をしている。先生は「頼みますよお母さん…」と応えるしかなかったそうだ。そうしたやり取りをしているうちに3年生になり、卒業してしまったのだとミツキは言う。

高校なんて行かないと言い張っていたミツキだったが、小さい頃から大好きだった音楽をやれるなら、とCSに入学してきた。玄関から2分もかからない学校に遅刻ばかりしていたのに、片道1時間半もかかるCSには毎日通ってきた。やがて自分のバンドを組み、曲を書いた。毒を持った彼女の歌詞は強烈なエネルギーを放つ。大手レコードメーカー主催のコンテストで賞を取り、九州一円でライブを行い、業界からも注目される存在になった。ところが卒業後は、周囲があっけにとられるほど、あっさりと音楽をやめ、自分の会社を立ち上げたのだ。小さな枠にはまる子じゃないと信じ、かばい続けてくれた母親は、今も陰になり日向になって支えてくれている。

この母親の一連の対応についてはいろんなご意見があると思う。たまたまうまく行ったからよかったものの、あまりに呑気過ぎないかと思われる方もいるだろう。

しかしそうではないのだ。その母親が深夜に風呂場で泣きながら電話をしているのをミツキは知っていた。誰と話しているのかは分からなかった。でも母親は毎晩のように泣いていたのだ。泣きながら必死で子どもを信じようとしていたのだ。

父親も積極的に子育てに関わる時代となった。おむつも替えるし、洗濯から掃除もやる。仕事から帰ってきて子どもをお風呂に入れ、寝かしつける。休日には家族で公園や遊園地へ連れて行く。赤ん坊を抱っこしているのは、今はほとんどが父親という時代なのだ。

しかし、これは家事の分担の話である。家事の分担は変わっていっても、子育てにおいては、これから先も変わらない普遍的な親の役割がある、と私は思っている。それは、子どもに無条件の愛情を注ぎながらも、同時に社会の仕組みや厳しさを教え、自らを律しながら、努力し、社会の中で〝幸せ〟を勝ち取っていける社会性を養わせていくことである。愛情と社会性、このふたつが偏ることなく、子どもの成長に合わせて施されなくてはいけないのだ。

そのミツキの父親なのだが、ちょうどミツキが荒れていた時期は、公益社団法人の理事長をして忙しく、ほとんど家に居なかったのだそうだ。だからミツキが学校に行っていなかった時期があることも知らなかったし、先生に反抗していたことも知らないのだそうだ。

「だけん、今こうして仕事のアドバイスを貰いながら父親と仲良く食事ができるのも、全部をひとりで背負ってくれた母親のおかげなんよ、まじ感謝しかないと」とミツキは言う。

きっとミツキの母は、愛情を注ぐことと社会性を身に付けさせていくことのふたつをひとりで担ったのだ。それは高い社会性を備えた母親が、一般的常識や、世間体といったものより、「この時期は子どもを護ることを優先する」と判断した結果であり、深い愛情がもたらす直感によってなされたのだと私は思っている。

９「夢・目標」を持ちたいとき

①音楽が導く教師への道

信仁（仮名）は、ＣＳ卒業後もロックバンドのベーシストとしてライブを中心とした活動を行っていた。福岡の音楽事務所に所属し、インディーズレーベルからデビューも果たした。

中学時代の彼は友人も多く、部活のサッカーも頑張る人懐っこい活発な少年だったという。音楽に興味を持ち始めたとき、テレビでＣＳのドキュメンタリー番組を観て、「ここに行く！」と決めたそうだ。子どもの頃から人の意見や動向には左右されず、自分がいいと思ったことは貫くところがあったという。

５期生として入学した信仁は、入学式の日から度肝を抜かれた。新入生が開式を待っている静かな控室に、突然在校生の先輩たちがなだれ込んできたのだ。まだ〝ヤンキーの時代〟である。普通の学校ではあまり見かけない、どちらかといえば夜のゲーセンでたむろしていそうな強面の先輩たちが「待ってたぞ〜」と肩を抱き寄せながら話しかけてくる。

翌日から始まった授業では、サングラスをかけたヴォーカルの講師がエレクトリック・ピアノの前に立つなり、「じゃあ声出せー」と大声で叫んだ。

これはとんでもないところに来てしまった、と思ったそうだ。

ところが一見怖そうに見える先輩が意外に優しくて、後輩たちの面倒を事細かに見てくれるのだ。ある時は真剣な表情で音楽のことや、人生のことを語ったりする姿を見て、人は外見で判断してはいけないな、と信仁は反省させられたという。これまで友達とは浅く広く付き合っていればいいと思っていた信仁だったが、この人たちと深く関わってみたい、と思うようになったのだそうだ。

信仁はそんなすてき（?）な先輩や同級生、憧れのミュージシャンの講師たちに囲まれて、3年間、思いっきり音楽を楽しむことができた。

卒業後は、社会人バンドのメンバーとなり、ライブを中心に、順調に実績を積んでいった。

そんな中、いつもライブ会場に足を運んでくれる母娘と出会う。あるとき演奏が終わって楽器を片づけていると、その母親から声をかけられた。

「娘がファンなんです」と小学2年生になるというその子を紹介された。

「今、学校に行っていないんです」との母親の言葉に、少女は肩をすぼめ、バツの悪そうな顔をした。「学校、楽しくないの？」と訊いた信仁に、「いじめに遭ってて、だから行っていない」と消え入りそうな声で答えた。

これまでＣＳで、学校に行けなかったり、いじめられてきた生徒たちが、「不登校を経験したからこそ今の自分がある」と、まるでアドバンテージのように自負する姿をたくさん見てきた信仁は、「無理をして行かなくてもいいんじゃないかな」と伝えた。思いがけない言葉に一瞬、驚いた顔をした少女は、一気に警戒心を解いて、「この楽器は何というの？」と訊いてきた。あどけない表情には、この世代特有の好奇心に満ちた目が輝いていた。

その日からライブのたびに話をするようになり、何か力になってやれないかと信仁は考えるようになった。同級生が小学校の先生をしていることを思い出し、電話で相談した。

こんな子がいてね、と話す信仁に、友人はため息交じりにこう言った。「どこにでもいるよ、そんな子は」。何かをあきらめてしまったような言葉に、なんでそんなに割り切れるんだ、なんて冷たいんだ、と思ったという。

そんなのは嫌だ。だったら俺が先生になって、そんな子どもたちに寄り添ってやる、と信仁はバンドを辞め、教員の資格が取れる短大への進学を決意した。高校を卒業して、すでに７年が過ぎていた。

「きっとこれまでずっと『プロになんか、なれるわけがない』『売れるはずがない』と何度も言われてきたから。そのたびに、今に見てろ、という悔しい思いをしてきたから、『先生になるなんて無理だ』という言葉を聞いたとき、じゃあやってやろうじゃないか、と血が騒いだんだろうと思いますよ」と、信仁は当時の気持ちを振り返った。

そこで福岡市内にある短大のこども学科を受験することにした。しかし、そもそも勉強というものを、これまでまともにしたことがなかった信仁は、受験のための教科書を開いたとき、ちんぷんかんぷんで何を書いているのか全くわからなかったという。

ところが、彼はめげるどころか、知らないことに出合ったことでわくわくしたのだそうだ。そうした習性も音楽によって身に付けたというのだ。「新しい音楽に出合うたびに、どんな奏法なのかな？　どんなコードを使っているんだ？　と興味がわいてきてゾクゾクしてきましたからね。だから畑違いのことを学ぶことも、全く苦にならなかったんだと思います」

入学試験は面接だけのＡＯ入試だったので、なんとか無事合格はしたものの、最初の授業で信仁は感心してしまった。なるほど、まったくわからん…と。しかしその日は、家に帰るまで妙に清々しかったというから面白い。全然知らないことをこれから学べるという期待感に心は満たされていたそうだ。

とは言うものの、悔しく思うことや、情けなく思うことはきっと何度も経験したに違いない。しかし、そうしたことは一切口にすることなく、信仁は七つも年下の同級生たちと席を並べながら、一生懸命努力したのだろう。人は、自分のためだけでは頑張れないが、誰かのためだったら頑張れると言った他の生徒の言葉を思い出す。

順調に2年で教員の資格を取得した信仁は、短大卒業後、講師として市内の小学校に赴任した。

「働き始めてどうだった?」と訊くと、「最初の2年間は、毎日挫折しました」と答えた。自分の力のなさを思い知らされる2年間だったという。

2年目のその年、信仁は問題児と言われる子が集まったクラスを任されることになったのだそうだ。かなり深刻な悩みを抱えている子もいた。まさしく自分が教師を目指すきっかけになった子どもたちだった。当然、先生の言うことなんか聞いてくれない。そんな生徒たちの前に立ち、1年間でこのクラスを変えてやる、と信仁は意気込んだ。

しかし年度の途中で、ああ先生がしんどい職業と言われるのはこのことかと思い知らされる経験をすることになる。ある保護者からの連絡帳に「普通の子たちをもっと護ってやってください」と書かれてあったのだ。〃普通の子〃って何や、と気色ばんだ。自分としてはＣＳで体験したように、いろんな子がいること、いてもいいんだということを子どもたちに知ってほしかった。いじわるをする子にも、授業を妨げる子にも、それなりの理由があるのだということ、決してその子を注意したり、叱ったりすることでは解決しない。だからその子のことをわかってやることが大切なんだ、という解決方法を生徒たちみんなに気付いて欲しかった。

しかしそれを負担に感じている生徒たちの気持ちをカバーしてやれていなかったことも事実だった。自分の力の無さを思い知らされた気がした。やっと出会いたいと思っていた子どもたちと会ったのに、何もできなかった。その1年は空回りしたまま、終わった。

自分みたいなやつは先生をする資格はないんじゃないかと悩んだ。心が折れた。

講師は1年ごとに赴任先が変わる。自信をなくしてしまった信仁は、新しい赴任先の小学校でも、俺が担任でいいのか、ほかの先生が担当すればこの子どもたちはもっと幸せなんじゃないか、そんなことばかり考えて、自分としては不甲斐ない1年をまた過ごしてしまった。

年度末の慰労会で、いつもはおとなしそうにしている保護者の母親から声を掛けられた。

「おい！　先生」。え、キャラ違うじゃん、と思ったのだが、そのお母さんが、「今年の学年は楽しかったよ～。先生もうおらんようになると？　寂しいね～」としみじみと言ってくれたのだ。「この言葉に支えてもらって今日までやってこられた」と信仁は私に話してくれた。

教師という職業は傷つくことも多いし、努力しても努力しても報われないことだってある。しかしたった一言で長年の苦労が報われるほどの喜びを経験できるのも、また教師ならでは、なのである。

それから3年後、信仁は小学校教諭として正式に採用された。

「結局音楽も、その時にカッコいいと思っていることを精一杯ライブやCDにして残していくしかないいんですよね。もっとこんな音にしたかったとか、ああすればよかったたってことだらけ、でもそれがあるから続けていける。学校の先生もそうなんです。本当はこうしてやりたかった、でも自分の力不足でかなえてやれなかった。そんな後悔があるからまた頑張ろうと思える気がするんです。だからこれから先もずっと心を折られ続けていくんだろうなと思っています」

こうして信仁は、彼のやり方で、音楽的思考を教育現場で展開してくれているのだと思う。

彼が担任を務める教室には、いつもアコースティック・ギターが置いてあるそうだ。

「弾きたい人は、いつでも弾いていいよ」と生徒には伝えてある。

ある子はギターのボディを叩きながらパーカッション代わりにしてリズムを刻む。ある子はコードも知らないしチューニングも合っていないのに、じゃんじゃん弾きながら楽しそうに歌っている。

「できなくても音楽はこんなに楽しい、でもできるようになったらもっと楽しいんだよということを教えてやりたいんです」と信仁は言った。

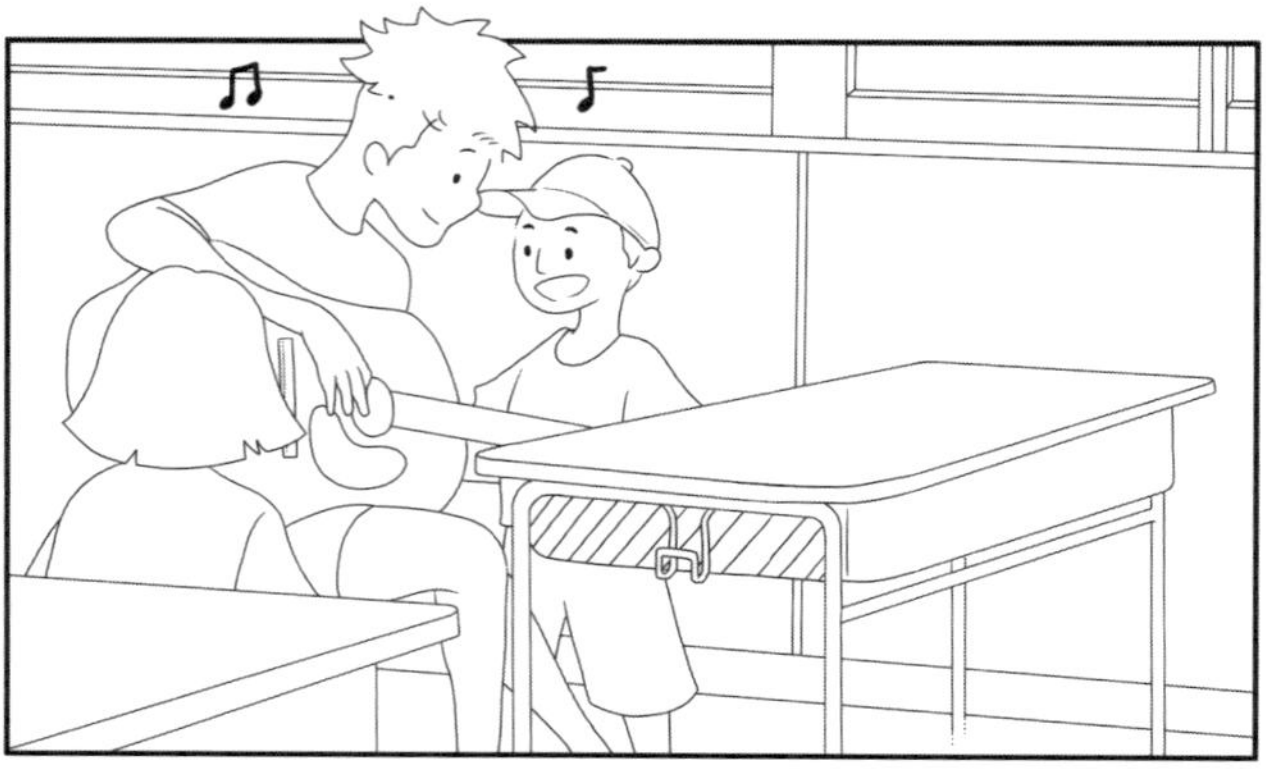

②ウイークポイントのそばにある「答え」

綾乃（仮名）は長崎県で生まれ育った。幼い頃から活発な子で学校が大好きだったという。いつも友達に囲まれ、その中心に居た。中でも歌や踊りが好きで、小学生の頃から劇団に所属し、ミュージカル女優を夢見た。そんなどこにでも居そうな〝健全な〟子どもだった。

そんな綾乃が学校に背を向けることになる。きっかけは、中学2年生のときの父親の転勤だった。慣れ親しんだ土地を離れ、福岡市内の中学校に転校したのだが、新しい学校では、これまでの中学校では許されていた、ささやかなおしゃれが認められなかった。担任の先生は見逃さず、いちいち皮肉を込めて注意をした。

「ブスがいくらおしゃれをしても一緒よ」

もちろん、そう言わせてしまうほどの態度を綾乃がとったからだろうが、先生からのこの言葉が引き金となって、彼女は学校を飛び出した。ただ自由になりたかった。髪を染め、ピアスの穴を耳に開け、誰からも干渉されない生活がしたかった。良いことも悪いことも、やってみないとわからないと思うから、だからやらせてほしかった。傷つこうが、他人から何と言われようが、プラスもマイナスも全部経験して自分で判断したかった。「普通にしなさい」と大人に言われるたび、「普通って何?」「普通でなきゃ何がいけないの?」と反発した。

「居場所がここに無いのなら、自分で見つけに行く」

綾乃は、家出をしますと書き置きをして仲間たちの居る街に向かった。

最初の宿は、出会い系サイトの呼びかけに反応してきた男の車の中だった。さすがに危ないだろうと女友達も呼び出して、3人で寝ることにした。11月の車内は寒く、心の芯から冷えていくようだった。明日になったら楽しかったあの中学校に行ってみよう、そんなことを考え、震えながら朝を待った。

次の夜からは友達や先輩の家を転々と泊まり歩いた。保険証を偽造し、14歳という年齢をごまかして夜の店で接客のアルバイトもした。連れ戻そうとする親の手を何度も振りほどいて毎晩、先輩や大人に囲まれ、面白おかしく、誰からも干渉されずに自由に過ごした。満足するはずだった。しかし心が満たされることはなく、やがてボロボロになるまで傷ついていったという。14歳の女の子をちやほやと持てはやしながら利用するのは、夜の大人たちにとっては造作もないことだったに違いない。どこにも居場所を見つけられず、綾乃はリストカットをした。手首から流れる血を見て生きていることを確認していたという。

死にたい…と思った。これがやってみて分かったこと。周りの大人の制止を振り切って、行き着いた綾乃の答えだった。

やがて高校進学の時期を迎え、せめて高校の卒業資格は取っておかないと、との母親の勧めでＣＳの面接会場にやってきた彼女は、まだ15歳だというのに海岸に打ち上げられた流木のように疲れきっているように見えた。

ＣＳでは面接のとき、三つの約束ができるかを確認していた。一つは、まずは卒業までは頑張り抜く、という約束。二つ目は、技術トレーニングと併せ、自分を高めていく努力をする、という約束。そして三つ目は、卒業まで親に絶対に心配をかけない、という約束である。彼女は少し考えて、「約束、できません」と答えたのだ。

そんな生徒はこれまでいなかった。

しかし、いきがっているのでも、投げやりになって言っているふうでもなかった。私の質問を真剣に考えて、正直に答えたように見えた。

「約束できないと、入学できないことになるかもしれないけど、それでも構いませんか？」と訊き返すと、「それは、困ります」と言う。「じゃあ何で？」と問う私に、「嘘をつきたくないから」と答えたのだ。そのときの彼女の真剣な表情が、私の心をわしづかみにした。子どもたちには「信念を持って生きなさい」などと言いながら、どこかで妥協し、社会に迎合してしまった私たち大人に対して「じゃあ、あなたたちは約束できるのですか」と突き返された、そんな気がしたのだ。

この子の歌を聴いてみたい、と強く思った。「約束を守る努力する約束ならできる」との答えをなんとか彼女から引き出し、私は入学を許可した。

入学後、初めて彼女の歌を聴いたとき、私の予感は当たったと思った。彼女の歌は、怒り、悲しみ、苦しみ、そのものだった。聴く人の心に迫ってくる凄みのようなものがあった。心の中に溜まりに溜まっていた感情が、傷口から噴き出してくるようだった。

きっと、この子はこうやって生きてきたんだ。ごまかすことも、上手にかわすこともできず、感情をむきだしにして。周りとぶつかりながら、傷つきながら、一生懸命に生きてきたんだ……そう思うと不覚にも目頭が熱くなった。

音楽だけが彼女の怒りや悲しみを受け止めてくれたのだ。

「歌うときだけ自分に素直になれる。それが心地よかった」と彼女は言った。

ところが、「才能あると思うから本気で歌をやってみないか」と促す私の言葉には、「夢とか目標なんかは持ちたくない。だってかなわなかったらそれまでの努力が全部無駄になるし、プライドだってもたないじゃん」。そう言って取り合おうとしなかった。

そんな彼女が本気で歌に取り組み始めたのは、2年生が終わるほんの少し前だった。放課後、一生懸命練習に取り組む後輩たちの姿を見たとき、なぜかカッコいいと思ったのだそうだ。

「それまでカッコ良さって洋服や髪型、化粧で決まると思ってたけど、内面から出るカッコ良さって本当にあるんやと思ったんよ。私も頑張ってみようかなって、そのとき思った」と綾乃は言った。

しばらくすると、「歌を頑張り始めたらね、聞こえなかった音が聞こえるようになった。見えなかったものが見えるようになった」と言ってきた。「あっそっか、先生の言ってたことってこういう意味やったんやとか、あれ、こんなとこにこんな音が使われてるんや、って気付くようになってね、そうすると昨日までと同じ場所なのに景色が変わったんよ。だけんさあ、きっと大切なことは〝結果〟じゃなくてプロセスなんやね。だってもし夢が叶ってデビュー出来たとしても、そこもいつかプロセスになるんやもんね」と哲学的なことまで言い始めた。

今は東京でアーティスト活動を続ける綾乃が、当時を振り返ってこう話してくれた。

「私は感情の起伏が激しかったから、まじで生き辛かった。いつもトラブルばかり起こしていたよね。だからこんな自分を変えないといけない、とずっと思ってきた。でも変われなかった。だから苦しかった。実は今でも私の感情の激しさは変わってないのよ。だけど歌にして表現したら周囲の反応が180度変わった。これまで感情を出せばトラブルになって返って来たのに、歌えば共感とか感動になって返って来た。それってすごいよね、私は変わる必要はなかったの。感情の表し方と、出す場所を変えるだけでよかった」

そして私たちが伝えたかった〝答え〟を口にした。

「私は私のままで変わらなくていいんだ、ってそう思った」

あなたには世界にひとつしかない個性がある。と言っても、うわべの違いをことさら強調してみせたり、人と違うことをすればいい、といった表面的で薄っぺらい話しではない。実はそれほどカッコいいものでもなく、どちらかと言えばカッコ悪くて、できれば人に見られたくないと隠しておきたかった自分のウイークポイントのそばに個性はあったりするのだ。

それもひっくるめて、ありのままの自分をさらけ出すしかない。それは言葉で言うほど簡単なことではなく、ときには治りかけた傷のかさぶたをわざわざ剥いでいくような痛みを伴う。それでもそこから目をそらさずに挑み続けるには、やはり夢や憧れといった強烈な動機が必要となる。

「夢は必ず叶うなんて、あまっちょろいロマンチシズムだ。夢なんかみるな、ほとんど叶わないのだから」。そうした意見の方が支持される時代だ。しかしそれでどうやって子どもたちから内在する能力や可能性、エネルギーを引き出していこうというのだろう。

あれはダメ、これも無理、と大人から否定され、残ったものの中から選ばないといけないとしたら、人生がつまらなく思えてしまうのも無理はないと思う。

もしひとりの人間が誠実に、ひとつのことに情熱を傾け続けていれば、将来どんな奇跡が起こるかは誰にもわからないではないか。私はあえて「夢は必ず叶うよ」と子どもの背中を押し続ける大人でありたいと思う。なぜならその他に、子どもたちが自らを律しながら限界まで持てる力を使い切っていく――その動機を与える方法を私は知らないからだ。

第3章

定点観測

首藤厚之

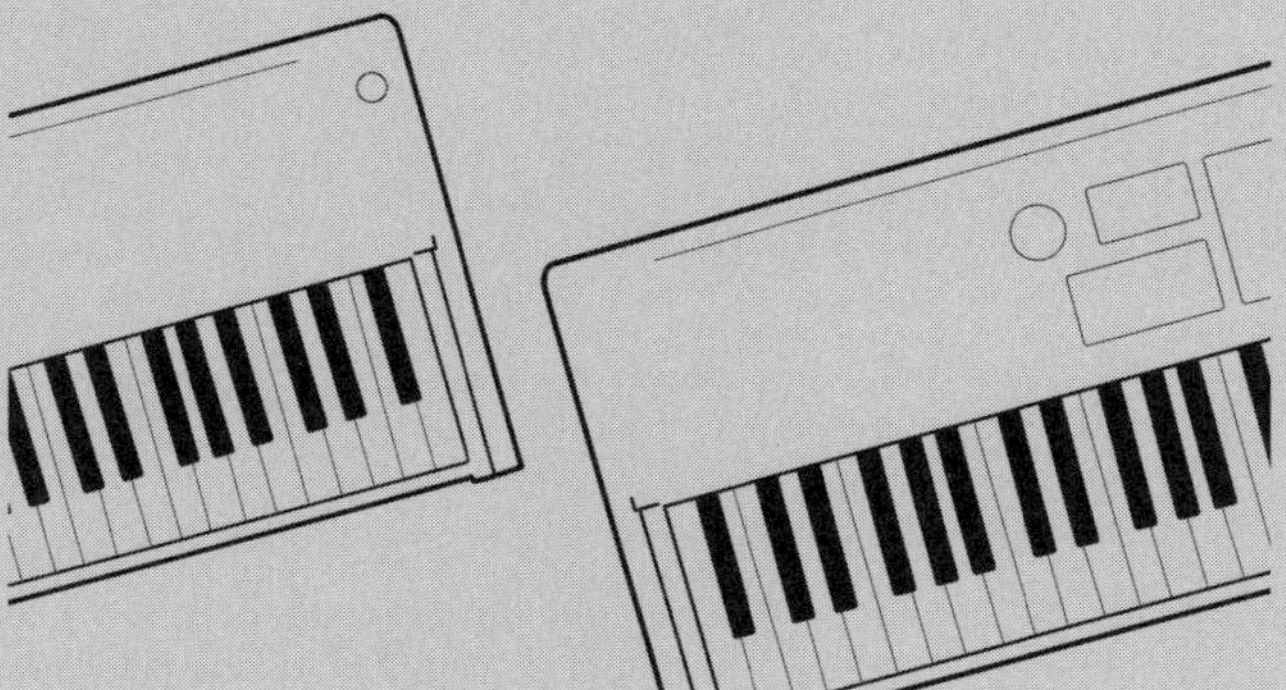

私の友人の息子S（18）が2023年春、C&S学院（以下CS）に入学した。Sは大分県内の公立高校の普通科に入ったが、その年の夏から不登校になり、中退した。親子関係、教師との溝、孤立、コロナ禍…。いくつかの要因で自尊心はすり減り、部屋に引きこもった。死のうとしたことも一度じゃない。それでも本人も家族もいつ壊れるか分からない〝泥舟〟のような時間を懸命にこぎ続け、ここにたどり着いた。私はこれから始まる彼の1年間を定点観測しようと思う。生きづらさを抱える若者と、その家族の現在進行形の航跡を記録することが、同じつらさを背負っているあなたの針路になると信じて。

2020〜22年

命を〝消費〟する日々

「実はSが不登校になって、ずっと死にたいと言っている」

電話の向こうの父親は深く沈み、声が少し震えていた。父親とは幼なじみで、大人になってからも連絡を取り合っていた。休みが合えば互いの家族を連れてキャンプに出かけ、小学生だったSもよく付いてきた。中学生になってからも変わらずに顔を出した。Z世代っぽくない素朴な感じはそのままで、目立った反抗期もなく、年齢よりも幼い印象を受けた。

そんなＳが高校入学からまもなく不登校になったという。私の妻が心理系の仕事に就いているこもあり、父親はどこか病院を紹介してほしいと連絡してきたのだ。２０２０年10月のことだった。

その2カ月前、Ｓは自宅のトイレに閉じこもって「もう学校には行かない」と泣き叫んだ。コロナ禍の真っ只中、高校は授業時間を確保するため、夏休みが例年より早く明けていた。

思いを爆発させたＳはこの日、初めて学校を休んだ。そして親が出勤したのを見計らって、命を絶とうとした。椅子に積んだ教科書の上に立ち、つり下げたベルトに首を入れた。とにかく今すぐ消えてしまいたかった。

後は教科書を蹴り崩せばいい。頭は何度もそう指示を出すのに、足は激しく震えるばかりでまったく従わない。まだ自分の中に生きたいという欲求が残っているのか、動物的な本能が死ぬのを拒んでいるのか、判別できなかった。

意思が分からなくなったＳは、それから自室に引きこもるようになった。予定のない真っ白な一日を、明かりを消した部屋で真っ黒に塗りつぶしていく。死ななかっただけで生きていくことに期待なんてない。一気に壊せなかった命を、じわじわ消費する日が始まった。

期待に応えられなくなった末

Sによると、小中学生の時は誰からも嫌われない存在だったという。確かに素直で優しそうな雰囲気は今も残っている。中学校では生徒会の役員を務めた。友達から「Sならやれるよ」と促されて引き受けたという。

でも実はこんな風に周囲に流されっぱなしの自分がずっと嫌いだった。本当は何事にも自信を持てず、いつもビクビクしているのに、周りは期待値を上げてくる。だから常に相手の顔色を見ながら先回りして、その期待に応えようとしてきた。

親に対してもそう。親が帰宅した時の表情で機嫌を推し量って、怒られないように皿洗いをしたり、部屋を片付けたりした。自分の動き次第で親の機嫌は変わる。いつからか自分が親をコントロールしているような感覚を持つようになっていた。

それでも相変わらず自分は大嫌い。自己採点するなら「０点以下」。周囲の評価と自身のそれはかけ離れていった。違和感は、やがて親や友達や先生への不信感へと形を変え、自分を傷つけるやいばとなって、首元に突きつけられた。小学５年の時点で、自死という選択肢はいつも隣にあったという。

過剰な期待をしていたのか…

ちょっと目を離すと息子が自殺しようとする状況を、親はどう受け止めていいか分からなかった。「生と死の境がフラットで、こっちとあっちの差がない。歯磨きでもするように簡単に死のうとする」。父親のため息は深くなる一方だった。

息子は何が原因で、なぜ死にたいのか。本人に尋ねてみても「周りのみんなは『Ｓならできる』といつも決めつける。でも本当の自分は何もできない」と漠然とした言葉しか返ってこない。はっきりとした原因は分からなかった。

ただ、「みんな」という〝加害者〟の中に、自分たち親も含まれているのだろうと推測はできた。過剰な期待が息子を追い詰めたのだろうか。いや、そもそも過剰な期待をしていたのだろうか。ひょっとしたら、これが原因だという点はないのかもしれないとも考えた。分かりやすい原因を探そうとすることこそ、親のエゴのような気がした。

中退、精神科入院を経て

コロナ禍にあっても、実家近くのサクラはいつもと変わらずに咲き、まさに見頃を迎えていた。当たり前のことだとは分かりつつ、当たり前が父親にはまぶしすぎてつらかった。Sが不登校になって半年が過ぎた。２年生に進級するはずのSは２０２１年4月、精神科の閉鎖病棟に入院した。高校は中退した。

病院の部屋は、自分では便を流せないトイレと布団があるだけ。暴れ出した時に備えて天井も床もクッション材で覆われ、手紙を書くためのボールペンも凶器になるからという理由で認められなかった。

殺風景な空間をぐるりと見渡した。「死なせない死刑囚」。Ｓは自分の置かれた状況をそう理解した。

最初の夜、壁を挟んだ隣の部屋から「あーっ」「飯を食わせろ」と叫ぶ声が響き続けた。Ｓは疲れ果てていたからか、薬の作用か、孤独を紛らわせてくれたからか、うめき声すら子守歌のように聞こえた。

まどろみながら、頭の中は昼間に医師から言われた言葉が巡っていた。「考え方を改めない限り、ここからは絶対に出られないから」。病院から脱出するために自分を装おう――。そう心に決めて、静かに眠りに落ちた。

それからはただただ、目立たないように、問題を起こさないようにすることに徹した。やがてボールペンの使用が許可され、３カ月目には自宅への電話が許された。病院から２００円を渡され、院内の公衆電話へ向かった。親と話すだけなのに、味わったことのない緊張に襲われた。受話器を持っていた手はずっと力が入っていたせいで、数日間筋肉痛になった。服は脂汗でぐっしょりだった。それからまもなく、退院が認められた。

しかし、自宅に戻って数日後、Sはまた死のうとした。力なくロープを握って部屋を出てきた姿を目にした父親は言葉を失った。入院しても何も変わらないじゃないか。家族にとって気の休まらない日々が再び始まった。

共倒れしないための「分離」

Sには2歳下の妹がいる。妹も高校受験の準備を始める時期に入っていた。父親が私に送ったメールには「(家には)妹もいるから、いつも通りの日常を保って、親を保って、何とかやっているところ」と書かれていた。親を保つ…。家庭を維持するために崖っぷちで踏みとどまろうとする姿が、文字の向こうに透けて見えた。

入院に至るまでの間、父親の胸には「今の状態はいつか終わる日が来る」という言葉がいつもあったという。Sが不登校になった時、私の妻から掛けられたこの一言をお守りのように握りしめていたそうだ。

そんな父親がある日、「あいつはあいつ。もちろん死んではほしくはないけど、それでも自殺を選ぶならどうしようもない」とぽつりとこぼした。

私は驚いた。これまでとは違う、達観した言葉だったからだ。親子とはいえ別々の人間。共倒れしないためには境界線を引く必要がある。互いが生き抜くための「分離」を宣言したのだと受け止めた。

「入学が怖い」に生きる意思

私自身についても少し話しておきたい。実は高校時代、不登校を経験した。担任教師との折り合いが悪く、欠席が続くとさらに学校に行きづらくなるループに陥った。何とか卒業はできたものの、退学させられる夢にうなされる日は今もある。新聞記者となり、10年以上前にC&S音楽学院を取材した。

もし高校生に戻れるなら、ここに入りたかったと思う。だからSの不登校を聞いたとき、父親に学院の存在をまず伝えた。Sは音楽が大好きだった。

夏が終わるころ、退院直後は精神状態にむらがあったSに変化が見られるようになった。好きなアーティストの東京公演に行きたいと言い出した。そのために近所の銭湯でアルバイトを始めたという。

CSのオープンキャンパスに行ってみたいと口にしたのもちょうどこの頃だ。親と一緒に福岡へ出かけた。創設者の毛利さんの講演やヴォーカル講師の歌を聞くうちに「ここならやれるかも」という思いがよぎったという。社会から切り離されて2年半、体の中のよどんだ池に新しい水が注がれた感覚だった。

それでも実際に願書を提出するまでには時間がかかった。親は本人の決断に従うつもりでひたすら待った。無理して入学しなくていいとも伝えた。

締め切り間近、Sは母親にこう告げた。「行きたい。でも怖い」。両親は怖いというひと言に救われた。新しい世界を前にしたちゅうちょに、生きようとする意思を感じたからだ。だから、飛び上がるほどうれしかった分、素っ気なく「分かった」とだけ答えた。

2023年4月

18歳〝2度目の高校生〟に

Sはきょうの気持ちを映したような真っ白なジャケットを着て、両親と一緒にCSにやってきた。校舎の入り口には「入学式」と書かれた立て看板。その前で3人で写真に納まった。Sは小さく笑っていた。

思えば、精神科病棟に入院したのが1年前のちょうど今ごろ。「まさか、こんな日が訪れるなんて」。写真の父親も小さく笑っていた。

前日に届いたSからのLINEには「ついに始まってしまいました。いろんな気持ちがありますが、楽しみが一番大きい」とあった。Sにとっては〝2度目の高校生〟。18歳のSは、年下ばかりの同級生の中で、自分が浮いていない

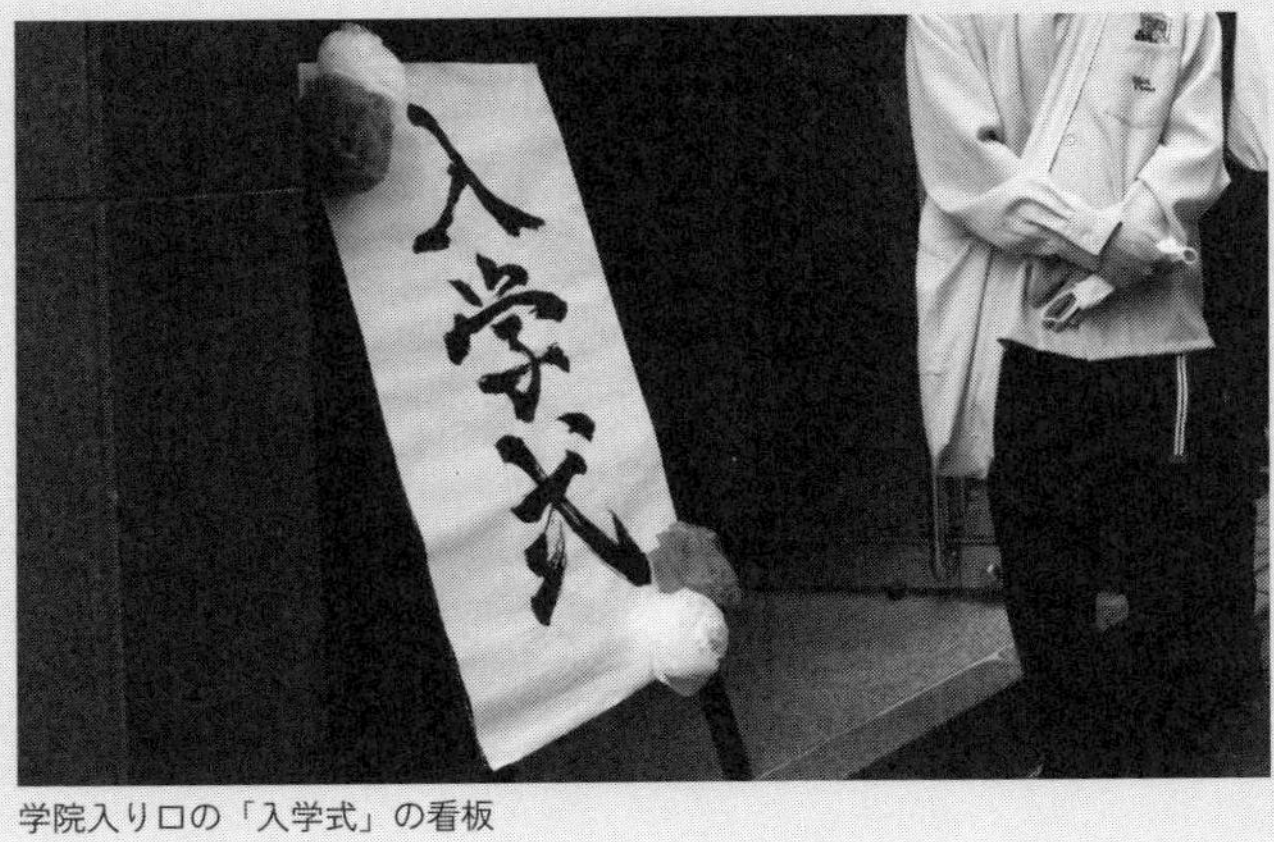

学院入り口の「入学式」の看板

か気になっていた。周囲をきょろきょろしながら「トイレどこやろ」と親に何度も聞いた。

会場に並べられた椅子が33人の新入生で埋まっていく。赤や紫の髪の子やロリータファッションの子もいる。Sは自分が浮いていないか心配していたのが滑稽に思えた。「気楽にやろう」。肩の力が抜け、式後の新入生の記念撮影では最後列に陣取って控えめなピースサインをした。

その夜、父親は大分に戻り、空っぽになったSの部屋からしばらく離れられなかった。「(引きこもり始めた) 2年前、真っ暗な部屋を見て絶望していたけど、今は同じ暗い部屋に希望を感じる」。LINEで私にそう伝えてきた。息子が死なずにいる。前を向き始めている。喜びが体全体を包んだ。暗い部屋には淡い月光が差し込んでいた。

増える「自己完結型」の生徒

CSの松本雅昭学院長によると、音楽学院が産声を上げた20年前は入学生の多くが困り事を抱えていたという。ところが今は「困っているのは2割ほど」。発達障害やLGBT

など事情は細かく分類されるようになった。でも「そもそも人とのつながりを求めていない。自己完結型の生徒が増えている気がする」という。

ＣＳも時代に即した変化が求められていると感じた松本学院長は、新入生全員との個別面談から始めることにした。自己完結で生きていけるなら、それもありかもしれない。でも独りよがりになったり、自己中心的になったりした挙げ句、自身や周りを傷つける人間になるのだけはどうしても避けたい。面談はそれに向けた第一歩だった。

もう一つ。国語や数学などの高校の授業を5月の大型連休明けまでしないことにした。ＣＳは広域通信制の高校「クラーク記念国際高等学校」と連携し、高校卒業資格が取れるのが売りの一つ。だが今年は一気にギアを上げず、一人一人の個性に目を凝らすことを優先した。

１人暮らしと詩作のスタート

高校の授業についていけるか心配していたSは、この措置にずいぶん救われた。かつて普通科高校の授業のスピードについていけなかった苦い思いを抱えていたからだった。
18年間過ごした実家を離れた寮での暮らし、深い傷を負った高校生活のリスタート、車の音が24時間絶えない都会生活…。大きく変わった環境に戸惑いは尽きなかった。
授業のスタートが1カ月ずれ、時間に余裕ができた分、Sは寮の近くの海浜公園「かもめ広場」へ出かけるようになった。行き交う船や散歩を楽しむ人たち、夕日に染まる海を眺めるだけで気持ちがないだ。心が鎮まると、やがてそこにぽつぽつと言葉の泡が浮いてきた。

♪ポイ捨て

「どうしようもないことがある」

道端のゴミを見てるカラスが言った。

僕は尋ねる、君にとっては幸せかい？

カラスは縮れたタバコを咥えて笑ってみせた。「ある意味正解。」

どうしようもないな。

僕は笑って食べかけのおにぎりを捨てた。

Sは詩を書き始めた。にぎやかな街の片隅で生きるカラスが自分と重なって見えた。自分の中にあるものを言葉にした。新たな一歩を踏み出した今も、自殺を試みた過去も否定せず、すべては「ある意味正解。」──。言葉にしてみると、死だけが絶対的な正解だと信じていたあの時から、自分が変わっていることに気づかされた。少なくとも今はいろいろな変化や可能性を受け入れようとしている。

Sはこの日、詩という武器を手にした。新天地で何とかやって行けそうな予感がした。

自分の〝取扱説明書〟を携え

ゴールデンウイークが明け、CSは通常モードに入った。主に午前は高校の授業、午後は楽器演奏やダンスなどのレッスンが行われる。並行して、松本学院長と新入生の面談も進んでいた。

Sの順番がやってきた。Sは入学した時点で、自分の過去も今もできるだけ正直に周りに伝えようと決めていた。体の奥深くでマグマのように渦巻く感情を抑え、口をつぐんだ結果、自分が内側から腐っていくのをこれまでに何度も経験した。同じ轍を踏まないと決心していた。

学院長と向き合い、Sは不登校になった経緯や精神科病棟での生活などの過去を淡々と語った。そしてこう伝えた。「あの時がなかったら今の自分はないと言えるこれからにしたい」

Sはつらい思いをした過去から三つの教訓を導き出した。

①０か１００かの思考傾向があるので、その中間を意識する
②休むことを大切にする
③つらかったりきつかったりして、自分が溺れそうな時は、ジタバタせず流れに身を委ねる

自分の置かれている状況を白か黒かで捉え（①）、そのことだけを四六時中考え（②）、疲弊した脳と体を酷使し続けた（③）結果、死を選択せざるを得ないところまで思い詰められた。Ｓはこの3年間、自分の特徴や考え方のパターンの分析し、自分の〝取扱説明書〟として伝えた。

「自分のことをこんなにも客観視できている生徒はそういない」。松本学院長は驚いた。学校名は、ＣはCreate（創造する）、ＳはSocialize（社会化する）の頭文字を取って名付けられた。自己表現を土台にして、社会性を身につけようというのが理念だ。Ｓはこの日、過去からの教訓を示す形で自分を表現した。

音楽的な素養を全員チェック

Sの表現に一目置いた人がもう一人いる。学院の音楽プロデューサーで、学院創設から関わったプロミュージシャン。以来、音楽のみならずアートや表現という切り口で生徒たちを見てきた。いわば教育と表現というCSの両輪のうち、後者を担っている。

新入生はまずマンツーマンで、プロデューサーのチェックを受ける。演奏などの技術面のうまさだけでなく、個性や潜在力を見られる。学院はそれを基にそれぞれにあった指導を組み立てていく。

Sはギターを抱えてチェックに臨んだ。基本的なスキルや好きな曲の演奏を見たプロデューサーは「いいものを持っている。ちゃんとやれば、ある時ぐんと伸びるはず」と直感したという。

全校生徒を前に初のステージ

チェックの翌日、Ｓは校舎５階のステージに立っていた。全校生徒の前で日頃の成果を披露する「自由表現」というＣＳならではのカリキュラムだ。バンドやソロで演奏してもよし、ダンスを披露してもよし。ジャンルを問わず、とにかく人前で今の自分を表現する。Ｓが人前で演奏するのはこの日が初めて。何週間も前からドキドキしていた。

本番直前の出演順決めでＳは先頭バッターを志願した。出し物は、歌手・崎山蒼志さんの「Ｈｅａｖｅｎ」の弾き語り。目の前には同級生30人が並び、別室で２、３年生もリモートで見ている。ステージに立つと、最前列の生徒２人が笑っているのが見えた。「自分は笑われているんじゃないか」。そんなはずはないと邪念を振り払おうとしても、どうしても悲観的に考えてしまう。

Ｓはギターを弾き始めた。喉が締まって声がかすれた。それでも絞り出した。だんだんと声は出始めたものの、今度は勢い余って音程もテンポもどんどん外れていった。自分でも気づいていた。でも、そんなことはもうどうでもよくなっていた。思い切り声を出して、ギターをかき鳴らした。全力をぶつけているのがとにかく心地よかった。

顔を紅潮させてステージを下りたＳは、私とハイタッチした。「楽しすぎて全部見失った」。ステージから逃げずにエネルギーを出し切った達成感と、歌うことで新たなエネルギーを得た充足感が全身からあふれていた。

他の人とかぶらない選曲もステージ上での爆発力も素晴らしかった。「やっぱり彼にはセンスがある」。客席で見ていたプロデューサーがぽつりと言った。

2023年6月

「よそはよそ」じゃない

入学から約2カ月となる6月3日、学院の一室に新入生の親たちが顔をそろえた。この日は午前と午後の2班に分けて、保護者会が開かれる。

保護者会というと、本人と親、担任教師の

演奏するS

三者面談を思い浮かべるかもしれない。ただ、ＣＳのそれは全くの別物だ。家庭と学院が連携するのはもちろん、他の家庭とも情報を共有する。不登校を経験している家庭が多いため、困り事や対処で参考になる点は多い。だから全員でタッグを組む。

会場にはロの字型にテーブルが並べられ、十数組の保護者と学院スタッフが車座になった。親が家での様子を話し、その後校内での状況の報告を受けた。

子どもが不登校であることを、親戚や近所に隠しながら暮らしてきた家庭がほとんど。そのため保護者の多くは何をどこまで話したらいいのか身構えていた。

「入学から2カ月も学校に通い続けているなんて、わが家からしたら、もうすでに奇跡が起きています」。中学時代は学校に通えていなかったという男子生徒の母親が口火を切った。場を支配していた、互いをけん制し合うような重たい空気が一掃された。

同様に小中学校と不登校気味だった娘を持つ別の母親が続いた。「この前、友達とＬＩＮＥグループを作ったと私に言ってきた。友達ができること自体が初めての経験だと思う」。涙を浮かべながら、一生懸命語る姿に、保護者の間に同志のような一体感が生まれ始めた。

「息子がバイトを始めたいと言っているが認めていいのだろうか」「まだ1週間続けて登

校できたことがない。うまくいっている家庭がうらやましい」。親たちの率直な思いや疑問が、せきを切ったようにあふれ出した。

学院側も「バイトは夏休みだけとか期間限定から始めてはどうですか」「先輩の○○さんと仲がいいので目を配ります」など、具体的で細かい情報を伝えた。次第に親同士が助言し合うようになり、井戸端会議のようなざっくばらんな雰囲気が醸成された。

つらい経験をしてきたのは子どもだけじゃない。親もずっと苦しんで、すがるような思いでCSにたどり着いた。だから、ここでは「よその家はよその家、うちはうち」ではないのだ。

保護者会の様子

家族にとってもどん底でした

Ｓの両親が話す番が来た。「この２年間、家に引きこもっていました。本人にとっても家族にとってもどん底でした」。母親は入学に至るまでの日々を時折言葉を詰まらせながら説明し、「いまＳの顔を見ると、楽しくやっていることが分かります。よかった」と表情を緩めた。

父親は「うまくスタートできたようでほっとしている」とした上で「いつかまた（気持ちが）ぷつっと切れて、ずんと落ち込んでしまうのではないか」と続けた。いったんほっとしながらも安心とまでは言えない複雑な思いがにじんでいた。

裏を返せば、それほどまでに壮絶な２年間だったということだろう。安心すれば次の問題が起き、状況の好転を期待すれば裏切られる。その繰り返しの中で、気を抜かないことこそが、親にとって心のバランスを取るすべだったのかもしれない。

およそ２時間に及んだ保護者会の後も、至る所で立ち話が続いていた。Ｓの父親は「きついのはうちだけじゃない。みんな苦悩している。俺らも頑張らんとな」と力をもらったようだ。

居酒屋で久々の家族だんらん

保護者会の前日、Sと両親と私は近くの焼き鳥屋に出かけた。Sは感覚過敏なのか、にぎやかな場所があまり得意ではないが、この日は夕食の誘いにあっさりと乗ってきた。

両親と向かい合わせに座ると、1人暮らしや学校生活についてさっそく親からの質問攻めに遭った。「まあまあ」とか「別に」とか適当に返事をしていたが、嫌な気はしていない様子だ。私と差し向かいで話すときは大人びた印象を受けるSが、親の前では年齢よりも幼く見える。

そんなやりとりが両親はとてもうれしそうだ。つい最近まで部屋に引きこもっていた息子が目の前で照れくさそうに話しているのだから。

Sも楽しかったのだろう、私の自宅マンションで2次会をしようと言い出した。梅雨のはしりを思わせる湿気を含んだ夜風を切って、みんなで自宅まで歩いた。とどまっていれば不快な空気も風になれば心地いい。

部屋に着くと、Ｓは立てかけていた私のギターを抱えてブルースを弾き始めた。それをＢＧＭにみんなでビールを飲んだ。普段はあまり飲まない父親のグラスがすぐに空っぽになった。

引きこもっていた部屋は、もう

ＣＳの夏休みは７月下旬からお盆、９月中旬から同月末の２回に分かれる。間に２週間の登校日を挟むのは、提携するクラーク記念国際高校の講師による対面授業や、前期試験があるためだ。

Ｓは休みの前半、大分の実家に帰ることにした。１人で暮らす自由を手に入れたのに、わざわざ帰省するなんて、入学当初は考えてもみなかった。実家が懐かしくなったのが半分で、残る半分はかつての居場所を今どう感じるか興味があったからだという。

引きこもっていた部屋のドアを恐る恐る開けた。部屋の様子は何も変わっていない。でも「ここは居心地が悪い」と直感した。つい数カ月前まで、何日も何日もこもっていたのが信じられないくらい落ち着かなかった。ベッドに横たわってみると、死ぬことばかり考えていたあの頃を思い出してしまう。当時はカーテンの隙間から差し込む朝日さえも、自分をとがめているような、責め立てているような気がしていた。

今、主を失った部屋は、ひな鳥が巣立った後の巣みたいだった。巣は役目を終えた途端、荒廃が加速する。Ｓはもうこの部屋が自分の居場所ではないのだと感じた。

かつての自分と離別するとき

実家の天井をぼんやり見上げながら、つらかったあの時と福岡で暮らす今と比べていた。帰省する少し前、こんな詩を書いた。

♪おはよう。

目まぐるしく変わる日々の中で

どこか置いていかれた気がして
勝手に焦って、転んで、擦りむいて、隠れて泣いたり
どこに行くにも自分の居場所なんてない
（中略）
独り閉じこもっていた僕を見守ってくれていた、心配してくれてた君は
ゆっくりと今に染まる僕にどこか安心してるようで
少しずつ離れてるような
もう僕は１人で生きていかなきゃいけないいんだね

君がいてくれたから今ここに居る

君はもう休んでいいんだよ

やっとお別れだね

詩に出てくる「君」は、かつての自分かもしれないし、親かもしれない。どちらにしても、離別のタイミングが訪れていた。

では、どうすれば離別できるのか――。Sは7月の自由表現の授業で、この詩に曲を付けてステージで披露した。誰かの曲をカバーする人が多い中で、オリジナル曲と聞いて観客の生徒たちが少しざわついた。

そんな好奇の目を振り払うようにSは声を張った。開き直って歌った。「自己満が過ぎたかな」。そう言いながら戻ってきた表情は誇らしげだった。その夜届いたメールには「自分の世界をまとった気がして居心地がよかった」。自分の殻を破った満足感にあふれていた。

過去の自分から脱皮した瞬間だったのかもしれない。居心地が悪くなった実家と、居心地が良かったステージ。自分の居場所がCSに移ったのを実感した夜だった。

親だって「正解」分からない

Sの変化に呼応するように、親も変わりつつあった。7月中旬、保護者をはじめ誰でも演奏を観覧できるイベント「Cコレ」が校内で開かれた。新入生の親にとって、わが子がステージに立つ晴れ舞台を初めて見る機会だ。会場は約40人の保護者でごった返した。

校内のステージで自作の歌を演奏するS

Sの両親も大分から駆けつけた。母親は客席でSの登場を待ちながら、自殺するんじゃないかとハラハラしていた頃を思い出していた。「子どもだけでなく、私もずっと何が（子育ての）正解か分からなかった。ただただ死なないように、目を離さないようにする毎日だった」。当時は家族全員が真っ暗な中をさまよっていた。

同級生3人と組んだSのバンドが登場した。ギターを抱えたSがブルーハーツの曲をかき鳴らす。真っ暗だった舞台が一気に明るくなった。大音量に揺られながら、両親はうれしそうに動画に収めた。

演奏後、母親は「今も何が正解かは分からないまま。けど、このタイミングで親が目を離したのは正解だったのかも」と興奮気味に話した。

音楽は、Sの世界を少しずつ広げていくのと同時に、子離れを自然な形で促しているようにも見えた。

2023年９月

「高校の登校記録」更新

暦の上では秋とはいえ、記録的な猛暑は続いていた。Ｓは学校帰りに近くのスーパーに立ち寄って、よく冷えたエクレアを一つ買った。

以前、学校に通えなくなったのが３年前の8月末のこと。高校生として9月を迎えられたということは、かつての「登校記録」の更新を意味する。エクレアはそれを祝うための自分へのご褒美だ。足早に寮の部屋に戻って、一人ほおばった。口いっぱいに甘さと冷たさが広がり、その後をじんわりとうれしさが追ってきた。「やっとあの時の自分を超えられた」。体中が達成感で満たされた。

ただ、ここから先は高校生活の〝未知の領域〟になる。これまでは授業も前の高校で習った内容のいわば復習だったが、秋からは初めて学ぶことばかり。気持ちに余裕がなくなり始めているのは、自分でも少し前から気づいていた。

学院によると、夏休み前後は生徒たちが生活のペースを乱しやすい時期という。新生活でいったん上昇したテンションが徐々に下がり始めるからだという。だからこの期間、先生たちは集中的に家庭訪問をする。保護者と顔を合わせるだけの形式的な訪問ではなく、生徒の状況によっては何度も何度も出向き、本人や親と膝をつき合わせてとことん話し合う。

6月の保護者会同様、学校と家庭がどれだけしっかりとタッグを組めるかが、生徒をドロップアウトさせない鍵なのだ。徹底した家庭訪問こそ「CSのお家芸」だと松本学院長は胸を張る。

「分かる」と「できる」の間

登校記録を塗り替えた途端、Sの気分は下降モードになった。ある雨の激しい日、私がCSに行くと、Sは雨を眺めながら「雨音に責め立てられている感じがする」と肩を落としていた。聞くと「死にたい気持ちが少しだけある」と言うので、私は学校の許可をもらってSを早退させ、ドライブに誘った。

落ち込んでいる原因は学校の人間関係らしい。入学から半年が過ぎ、「周りの人のキャラが分かるようになって、嫌なところが見えてきたり、グループができたりして、だんだん自分をさらすのが怖くなった」と言う。

周囲の人たちを評価し始めると、自分も評価されている気がしてくる。かつて不登校になったときも周りの評価に押しつぶされたＳは「今だって勝手に自滅しているのは分かっているけど…」とうつむいた。

自滅だと認識していても、ネガティブな思考からの脱却は簡単ではない。頭で「分かる」と、実際に「できる」との間にはあまりに大きな隔たりがある。

自分で作った「教訓」を実践

昔と同じ思考回路に迷い込んで、堂々めぐりになるのだろうか。そんな私の心配をよそに今回Ｓは先手を打っていた。

私が「誰かに相談してみたら？」と言おうとした矢先、Ｓはすでに主治医の診療予約を入れ、学校にはスクールカウンセラーの日程を押さえてもらっていた。入学時に宣言した教訓のうち「溺れそうな時はジタバタせずに周りに頼る」を実践していた。

いち早く危険を察知して、回避するために動く。以前なら、心の中に雪のように積もっていく悩みに埋もれ、身動きが取れなくなって、やがて窒息しそうになっていたS。でも今は、積もり始めた段階で雪かきを始めた。それさえできれば、私はSが命を絶つことはないと思った。

車内で話しているうちにSの声色も少しずつ明るくなったので、福岡市東区の志賀島方面まで足を延ばすことにした。行く途中にある海の中道青少年海の家では10日後、CSの宿泊研修「自然教室」が予定されていた。参加するかどうか迷っていたSは、車の中で「面倒くさいけど行ってみようかな」と決心した。

そういえば、Sの父親も10代のころ、友人関係に悩み、「置かれた環境に慣れなきゃと思えば思うほど、適応できない自分に傷ついていく」と話していた。

親になった今は、まず同じ時間を一緒に過ごすところからしか仲間と呼べる関係はできない、と思う。でもSにアドバイスはしなかった。それだけに息子がこの日、自分で自然教室に行こうと決めたことがとてもうれしかった。

2023年10月

友達できた実りの秋

ステージに置かれたギターアンプをいつもより大きなボリュームに設定した。Sは文化祭「CS祭」に、同級生ら5人で結成したバンドで出演する。開演前から校舎5階の会場は立ち見が出るほどの熱気に包まれていた。いよいよ開演、ギターの大音量がSの気合を表していた。

CS祭は学校行事の中でも生徒が一番楽しみにしているイベント。本番1週間前から授業は取りやめになり、準備に充てられる。当日は校舎中が色鮮やかに飾り付けられ、各教室には射的などの手作りアトラクションや物販ブースなどがずらりと並ぶ。最上階のステージでは一日中ライブが繰り広げられた。

CS祭のポスター

演奏を終えたSは「間奏ミスったー」と叫んだ。ただ、悔しそうな口ぶりとは裏腹に、表情には喜びがはじけていた。その訳は、学校を休みがちだったバンドのメンバーが、ドタキャンせずに出演してくれたから。演奏の出来栄えなんかより全員でやれたことがうれしかった。

Sは先月まで、じっくりと語り合える友人ができずに悩んでいた。自分の殻に閉じこもって自意識と格闘する「ヤバい時期」だったという。仲間と呼べる存在ができ、やっとトンネルを抜けたようだ。

宿泊研修で脱「ヤバい時期」

「ヤバい時期」を乗り越えられたのは、9月にあった1泊2日の宿泊研修「自然教室」の影響が大きい。

研修2日目の朝。生徒たちは雨の中、屋外の炊事棟でカレーを作っていた。自然教室に参加するかどうかを直前まで迷っていたSの顔をのぞき込むと、ニターッと笑い返した。

私が「ひょっとして自然教室に参加して収穫あった？」と尋ねると、Ｓは右手の親指を立てて応えた。一晩中、たまたま相部屋になった同級生と語り合ったという。

語り明かした相手はトモヤ（仮名）。不登校を経験し、ＣＳに入った後は作詞作曲に夢中になっているらしい。似た境遇で共通点も多かった２人は消灯後、お互いに不登校になった原因を打ち明け、これからについて腹を割って話したという。

Ｓは相手に自分の素をさらしたら、心にたまったおりがすっと流れ出ていくのを感じた。この日から２人は放課後、一緒に古着屋に出かけたり、ピザを食べに行ったりする関係になった。

仲間ができたことで、Ｓの自己肯定感はぐっと上がった。帰省したある日、実家近くのコンビニで中学時代の同級生２人と鉢合わせした。１人は大学生、もう１人は社会人になっていた。今までは近況を聞かれるのが嫌で、地元の知り合いとは接触を避けてきた。でもこの時は不思議と動揺せず、高校を中退したことや、今ＣＳで頑張っていることを話せた。等身大の自分を伝えたら自信が湧いてきた。

アルバイト1回だけで辞める

とはいえ、自信だけですべてが好転するわけではない。Sは今月、アルバイトをたった1日で辞めてしまった。

生活費のうち、寮の費用と学費は親が払い、それ以外の食費などは自分でまかなわなければならない。この半年は入学前に祖父母からもらった餞別などでしのいできた。しかし、それも底をつきそうになったので、人との対面が少なくて済みそうなビジネスホテルの清掃アルバイトを始めたばかりだった。辞めた理由は、職場の雰囲気が合わなかったからという。

三日坊主にもなれなかった自分に嫌気が差しているかなと気になったが、本人は「当分は昼飯代を浮かしてやり過ごすしかない」とあまり深刻に捉えていないようだ。

私はそれでいいと思った。彼も私もいろんな物事を同時にうまくこなせるタイプじゃない。一つの成功体験をするまでにいくつも失敗をするし、その分時間もかかる。そうやって一歩ずつ足場を固めていくしかない。

数日後、私とSはカモメ広場で開催された音楽イベントに出かけた。大好きなブルースバンドが演奏していた。Sは最前列に腰を下ろし、気持ちよさそうにリズムに身を任せている。
友達ができなかったり、アルバイトが続かなかったりで、いったんはバランスを崩しかけた1カ月だった。そんな生活リズムも再び整い始めた。一つ壁を乗り越え、実りの秋が訪れた。

2023年11月

「父のような人になりたい」

秋風に揺れるススキの穂が陽光を拡散させ、草原全体がキラキラと輝いている。Sと父親と私は、日本三大カルストの一つと言われる北九州市の国定公園「平尾台」へキャンプに出かけた。

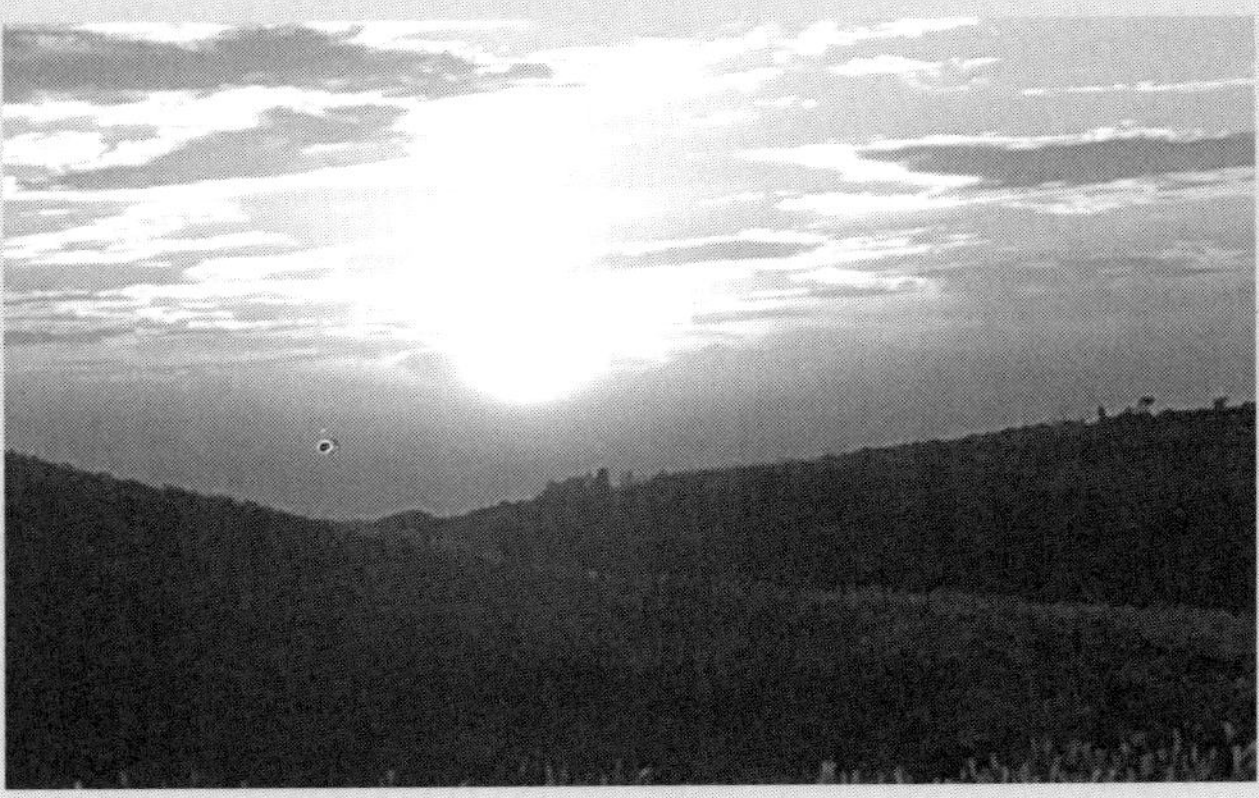

キャンプに出かけた平尾台

３人でキャンプをするのは1年半ぶり。前回はSが精神科の閉鎖病棟を出て間もない頃だった。好きなアーティストのライブに行くのを目標にしてアルバイトを始めるなど、ひきこもり生活から抜け出そうともがいていた。そのときのSは私と目を合わせようとせず、何かにおびえているような印象を受けた。

キャンプと聞くと、Sの父親には思い出したくない苦い記憶がある。Sが高校を中退して引きこもっていた時期のことだ。父親が気分転換にとSをキャンプに誘うと、意外にもすんなり付いてきた。父親は喜んだ。でも、実はこのときSは「翌日死のうと思っていた」という。最期の思い出を作るつもりだったのだ。実際、Sの部屋の引き出しにはロープが隠されていて、掃除をしていた母親が偶然見つけ、最悪の事態は避けられた。

「生きとけばいいことある」

あれから2年が過ぎた。この日のSは心の底からはしゃいでいるように見えた。草原の空気を胸いっぱい吸い込み、「秋キャンプ最高」の大声と一緒に吐き出した。

キャンプ道具と一緒にギターを持ってきていた。ススキを眺めながらつま弾くと、父親が「おまえは音楽に救われたな」と話を向けた。「生きとけばいいこともあるもんや」。Sはギターを弾く手を止めず、まるで人ごとのように淡々と返事をした。

私も父親と同感だ。Sは音楽に助けられたと思う。ひきこもり生活から脱却できたのも好きなアーティストのコンサートに行こうとしたのがきっかけだったし、高校生をやり直そうとしたのもCSのギター科に巡り合えたからだ。

数年前まで人生のどん底にいたSは、真っ暗闇で音楽という綱をたぐり寄せ、それを伝って地上に出てきた。「生きとけば――」のひと言には、今は日の当たる場所にいるんだという実感がこもっていた。

CSの代表として研究対象に

この頃、CSにはある大学の研究者から調査協力の依頼が届いた。音楽と教育という独自の取り組みについて、在校生の生の声を聞きたいというものだった。

学院のスタッフらで話し合った結果、Sが在校生の代表に選ばれた。以前の学校では劣等感にさいなまれていたSが、今回は学校代表として名前を挙げられた。本人もまんざらではないようで依頼を快諾した。

ただ、高校を中退した理由などデリケートな内容も含まれるため、研究者が直接インタビューするのではなく、用意された質問項目を学院スタッフが聞き取り、リポートにまとめて提供することにした。

その聞き取りで、Sは同級生や教師から虐げられたと感じて不登校になったと話した。さらに「親の期待に応えられず、生きるのがつらくなった」と回答した。それでもギリギリで自殺を踏みとどまったのは「親を悲しませたくない気持ちがあったから」。親のことを考えれば考えるほど苦悩は深くなり、心が揺れたという。

別の質問では、CSに入ったからといって心の問題が一気に解決したわけではないと答えた。それでも「周囲に相談できるようになって、自分の弱みをさらけ出せるようになった」と手応えも感じているようだ。

信頼できる友達と先生と両親

平尾台でのキャンプに話を戻そう。

夜、Sはたき火にまきをくべながら「友達がいて、信頼できる先生がいて、好きな表現ができる。その上、感謝できる親もいる。自分の周りにこんなにいろいろそろっているのに死ぬわけにはいかない」とつぶやいた。前の高校では自分には何もないと感じていた。それが今は周囲に大切なものがそろっていると思い直せた。だから生きようというエネルギーが湧いてきたという。

傍らで聞いていた父親はうれしくてたまらなかったが、気持ちを読み取られないように表情は変えなかった。

後日談だが、聞き取り調査の最後の質問は「将来の夢はありますか？」だった。これに対して、Sは考え込むことなく「具体的なものがあるわけではないけど、とにかくお父さんみたいな人になりたい」と答えたという。

癒やしの〝止まり木〟ではない

「失礼しまぁす…」。ギターを背負ったSは、学内のレッスンスタジオの分厚い扉をそっと押した。中でプロデューサーが待っていた。防音扉の奥には、就職活動の役員面接のような重い空気が充満していた。これからSは入学以来2回目の音楽のチェックを受ける。半年間でどれだけ演奏技術が伸びたかが試される場だ。

リズムマシンに合わせてギターを演奏できるか、指示されたコードを即座に押さえられるか、音階を正確に弾けるか——。緊張で指は震えたが、何とかチェック項目を弾き終え、自由演奏も何とか乗り越えた。

「君は音楽的センスがある」。プロデューサーはSを高く評価する一方で「そろそろ、自由表現（の授業）でもっと自分を出してもいいんじゃないか」「今年の1年生は勢いやセンスがある生徒が多い。負けないようにしよう」と注文を付けた。

Sを少しあおるような言葉に私は驚いた。CSには、Sをはじめ、いじめや不登校などを経験した、いわばすねに傷を負った生徒が少なくない。学校や大人への警戒心を解き、安心感を持たせるため、ここでは生徒に負荷をかけない、と勝手に思い込んでいた。

でもそれは大きな間違いだった。音楽や表現と真剣に向き合う以上は当然、越えるべきハードルを設定したり、負荷をかけたりする。甘えや妥協は見逃さない。だからＣＳは決して、傷を癒やすだけの〝止まり木〟や〝無菌室〟ではない。学生生活の「楽しさ」、表現者としての「厳しさ」の両方があるから生徒たちは３年間で大きく変化するのだろう。

表現を邪魔するもののありか

１週間後、Ｓは飛び込みで自由表現のステージに立った。これまではあらかじめ割り振られた自分の番が回ってきたときにしか出演しなかった。初めて〝立候補〟したのは、もちろんプロデューサーの期待に応えたかったからだ。

この日のために曲を作って臨んだが、意気込みはステージ上で力みに変わり、演奏はうまくいかなかった。でも、Ｓはここからが偉かった。思い切ってプロデューサーに、自分はなぜ失敗したのかを聞きに行った。「表現を邪魔する余計なものは案外、自分の中にある。それをそぎ落とすのが大切」。とても丁寧で的を得たアドバイスだった。

確かに、Sは周囲の期待や評価が気になって、肝心の表現に集中できていなかった。自分の中にあるものしか表現できないという当たり前に思えて案外見落としがちなことに気づかされた。

プロデューサーの助言は音楽にとどまらず、普段の生活にも応用できるとSは思った。自分の弱点や盲点が分かり、すっきりした気持ちで冬休みに入った。

面倒なことに立ち向かう意思

年末年始は実家に帰った。家族と一緒に祖父母宅を訪ねた際、Sは両親に「俺も親戚の子どもにお年玉をあげられるようにならんとな」と話したという。

父親は成長を感じずにはいられなかった。1年前の今ごろはCSへの入学が決まっていたとはいえ、本人も希望に満ちあふれていたわけじゃなく、嫌になったら辞めればいいという逃げ道を用意していた。父親いわく「前に進んでいこうとはしていたけど、体は後を向いていた」感じだった。

それが今年は面倒なことにも立ち向かおうとしている。「絵本を作ってみたい」「将来のために資格を取りたい」…。Ｓは帰省中、在学中にやりたいことをいくつか親に相談した。福岡で１人暮らしをさせてよかった。父親はしみじみそう思った。親と子が離れて暮らすようになって逆に、お互いを気遣い、心の距離が近くなった気がする。かつて怒鳴り声と沈黙が交互に折り重なっていた実家に、再び笑い声が響くようになった。

親離れ子離れと言ってしまえば、それだけのことかもしれない。でもそんなひと言じゃ回収できないほど、ここまでの道のりは親にとっても子にとっても苦難の連続だった。遠くで除夜の鐘が鳴り始めた。今年、Ｓは20歳を迎える。

2024年１月

学校が命を守る避難先に

２０２４年が始まった。高校１年の夏休みから不登校になり、そのまま中退したＳにとって、事実上「高校生」として迎える初めての正月だ。さっそく家族と一緒に初詣に出かけ、「１年間、健康で過ごせますように」と手を合わせた。

しかしまもなく、福岡へ戻ったSは体調に異変を感じた。眠ろうとすると、過去の恥をかいた瞬間や、つらい思いをした場面がスライド写真のように頭をよぎり始めた。記憶のフラッシュバック――。Sはまたかと思った。中学時代からずっと悩まされてきた症状で、以前は嫌な記憶に追い立てられて死のうと思ったことさえあった。

CSに入ってから症状は治まっていたが、〝再発〟には思い当たるところがあった。主治医から処方された安定剤の服用を自分の判断で年明けから半量に減らしていた。「CSで自分は本当に変わったのか、薬がなくてもやっていけるのかを試したかった」からだという。

やがて症状が現れ始めた。「やっぱり薬がなきゃ駄目なんだ」。記憶の断片がよぎる頻度は増していき、それに比例してSは自信を失っていった。

負のループから抜け出すためにSは好きなことに没頭しようと考えた。脳内にフラッシュバックが入り込むすきまを必死になくそうとした。詩を書こうとしたり、ギターを抱えたり。だがこんな時に限ってフレーズは浮かんでこないし、ギターを弾いても楽しくない。

このままではまた自殺を考えてしまうのではと怖くなったSは、授業がなくても朝から午後6時までCSで過ごすことにした。友達と一緒にいる時間を増やして、できるだけ1人きりにならないように心がけた。CSという場所が、いつの間にか命を守るための避難先になっていた。

毎日、外が暗くなるまで友達と取るに足らない話ばかりしていた。言葉を交わすだけで不安が紛れた。「誰とも話さずに引きこもっていた昔と違って、今は死にたい気持ち10%以下の安全圏」。Sはそう言って苦笑した。

補講ラッシュの末に進級確定

1月中旬からCSでは補講が始まった。Sは昨年末、学校から「（全18教科のうち）10教科で補講が必要」と告げられていた。朝起きるのが極端に苦手で、午前中の授業に出席できない日が重なったのが響いたようだ。

思えば、想定よりも補講の数が多く、動揺したこともフラッシュバックが現れた一因なのかもしれない。

いずれもＳが描いた絵

いずれにせよ、進級するには単位を落とすわけにいかない。Sは補講を受ける以外にも、1週間で原稿用紙46枚分の作文を書き上げ、必要な単位を取得した。これで1年生を修了できる見通しが立った。

補講が終わると、気持ちにゆとりが生まれ、寮の部屋で絵を描くことが多くなった。ランタンを手に暗闇を歩く少年、流れ星を眺めながらギターを弾く姿、伸び上がって水面から顔を出すクジラ、ゆらゆらと漂うクラゲ…。鉛筆書きのスケッチや水彩画などタッチはそれぞれ違うが、一つ一つをよく見るとSの心象風景のようにも見える。

フラッシュバックも受け入れ

CSでは24年度から自由に授業を選べるようになる。ギター科の生徒でもドラムの授業を受けられるといった具合だ。残念ながら、Sの興味が向いている絵画の授業はないが、本人は漠然と自分の絵と詩、絵と音楽を掛け合わせた表現をいつかしたいと思い描いている。未来を想像していると数カ月ぶりに詩が書けた。

♪波

（前略）
不意に、過去を思い出す
まるで、後悔があるように
「そりゃあるよ、少しはね」
思わず出た言葉
僕はもう知っている
今日をまた繰り返すことを

Ｓは私にこの詩をメールした後、続く文面に「久しぶりに自分のために書けた。吐き出せてうれしかった」とつづった。

私の目には、Ｓがフラッシュバックにさいなまれる自分自身を丸ごと受け入れ、その上で淡々と日常を過ごして行こうとしているように映った。詩は決意表明文でもあった。

どこまでやれるかチャレンジ

Ｓを取り巻く環境も自身もめまぐるしく変化し、あっという間に1年が過ぎた。ＣＳではこの日卒業式が開かれる。在校生は式典の様子をモニターで見るため別室に集まった。

モニターに映し出された3年生たちは卒業証書を受け取った後、１人ずつステージ上のマイクの前に立った。「中学では不登校だったけど、ここでたくさんの友達と歌に出会えた」「入学式は同級生たちが怖かった。でも今は離れたくない」「入学するまで自分には価値がないと思って死ぬことばかりを考えていた。ずっと見守ってくれたママ、ありがとう」―。

学生生活を振り返り、それぞれ学校や親への感謝を述べた。

Ｓと仲の良かった先輩の順番が回ってきた。先輩と言ってもＳの一つ年下で、学校近くの公園で夜中まで相談し合うなど腹を割って話せる数少ない仲間だ。他の卒業生が上手にあいさつをする中で、その先輩は気持ちが高ぶってうまく言葉を継げなかった。

そんな不器用な姿がＳの胸を締め付けた。涙がこみ上げ、同級生にばれないようにうつむいた。「他人の卒業式で泣くなんて考えたこともなかった」。中学校を自分が卒業する時でさえ、式典が早く終わればいいと思っていた。それがまさか…。Ｓはあの頃と違って、斜に構えていない自分に驚いた。この1年で、劣等感で覆われていた過去がちょっとずつカラフルに上書きされているような気がした。

親と子それぞれの「通信簿」

卒業式が終わり、私とＳの間で、一緒にこの1年の「通信簿」を作ろうという話が持ち上がった。項目も点数も自分たちで決める、絶対評価の通信簿だ。

Sは入学当初に立てた目標「白黒思考からの脱却」「休むことを大切にする」「苦しいときはジタバタせず、流れに任せる」の達成度の欄に、最高評価の5を書き込んだ。この三つを実行できたことで余裕が生まれ、「生きるのが下手くそな自分を許せるようになった」と話した。

親への感情も変わった。1人暮らしを始めて、逆に親が近い存在になった。一緒に暮らしていたときは煙たかった言動の一つ一つが、愛情に裏打ちされていたと骨身に染みたという。

そこで私は、Sの父親にも保護者として自己評価する通信簿を作ってほしいとお願いした。それによると、父親は手を焼く存在だった息子が今、〝頑張る奴〟に見え始めたという。だから「子どもの成長を感じる」は満点の5。前に進もうとするSの姿を見ていると、「これまで自分たちもよく頑張ったのかもしれない」と自己肯定感も芽生えてきた。

迂回を繰り返し、次の舞台へ

春休みに入り、Sは週4日、居酒屋でアルバイトを始めた。昨年秋、人と関わりたくないからという理由で選んだホテル清掃のアルバイトはたった1日で辞めた。それが今回は大勢のスタッフに囲まれ、接客というコミュニケーション力も試される職種を選んだ。

「どこまでやれるかチャレンジしたいと思った」

Sの口からチャレンジというワードが飛び出してくるとは思いもしなかった。ずっと苦しい思いをしてきたSが発すると、同じ言葉もみずみずしく響く。

Sを通して、CSの内側を見た1年だった。去年の春と今年の春のSを比べれば、格段に前向きになっている。でもそれは、自分を否定したり肯定したり、周囲を毛嫌いしたり感謝したりと迂回を繰り返しながらたどり着いた場所だった。

CSという学校は、らせん階段を上るようにゆっくり進むSをせかさず、伴走に徹した。Sの成長はそんな環境の中で促されたように思う。

もうすぐ新年度が始まる。今年のサクラは例年よりずいぶん開花が遅かった分、見頃はまだまだ続きそうだ。

項目／備考	評価
友達は大切だと思うか ずっと友達がほしかった。「自分」と同じくらい大切	5
●親について **親への思いは変わったか** 離れたことで、愛されていたことを実感した。親の言葉に反発したり落ち込んだりしていたけど、親も悩んでいたことを想像できるようになった	4
親離れできたか 経済的に頼らなくならないとそうは言えない	3
●ＣＳの先生について **信頼できたか** 腹を割って相談することを意識したら、ちゃんと受け止めてもらえた	5
先生のイメージは変わったか こんな大人になりたいという憧れが生まれた	5
●その他 **表現に徹したか** もっともっと詩や絵を深めていきたい	2
表現の仕方や作品が成長したと感じるか 入学して初めて詩を書いた。周りの人が評価してくれて、自分が逆に驚いた。主体的に取り組んだり、自分をさらけ出したりすることは楽しいと気づいた	5

通信簿　S

項目／備考	評価
●自分について **「白黒思考からの脱却」「休みを大切に」「苦しいときほど流れ任せ」は達成できたか**	5
死にたい欲求をコントロールできたか 友達や先生に話して負のエネルギーをためないようにしている。死にたい衝動に駆られていた２年前は「夢を見ていたみたい」	5
目標を見つけられたか 中長期的にはどんな仕事がしたいのか見つからない。誰かのためになるとしか。短期的には絵や詩の完成度を高めたい	2
自分を好きになったか 生き方が下手な自分を許せるようになった	5
自分の良い面、悪い面問わずあらたな気づきがあったか 良い悪いは表裏一体と気づいた。例えば後先考えずに実行に移すのは行動力とも言える	3
自分は変わったと思うか 先生から「成長した」と言われるけど、自分ではピンとこない	4
●友人について **友達はできたか** 語り合える友達が数人できた	5
コミュニケーションを意識的にとったか 声かけを意識的にしたが、相手の都合を考えずにしたことも。反省点	3
嫌いな人との距離の取り方は工夫したか 嫌いな人はシャットアウトした。後々、自分が困ることもあったので工夫が必要	2

項目 / 備考
●自由記述 **1年間を振り返って思うところ** 入学当初、福岡に慣れた時が最初の壁と思っていた。乗り越えられるかどうかの。今も不安はあるが、以前ほどではない。今は安堵の思いと、私たち親もよく頑張ったのかもしれないと思うようになった。Sのこの 1 年を見て、大分にいたままではだめだっただろうなと感じている

通信簿　Ｓの父親

項目／備考	評価
●Ｓについて **入学前から成長を感じるか** 自分の経験を、何かに、誰かに、生かせないかと考えている。将来を考え、可能性を見出そうとしたり、沈めばあとは浮かぶだけと感じたりしている	5
新たな発見はあったか 詩や絵が思ったより上手くなっている。人見知りではあると思うが人と繋がろうとしている	3
親離れを実感するか 心理的というより、実際に距離が離れているところが大きい	4
自殺願望が再発すると思うか 可能性は薄くなった気がしている。薬も継続しているから	3
印象は変わったか 以前は言葉を選んでＳに伝えていたが、最近は気を使わない。頑張ってる奴になった	2
●家族について **家庭の雰囲気は変わったか** 母親のイライラはなくなったが、Ｓが近くにいないさみしさもある	4
子離れできたか 本人から相談があるまでは何もしないように心がけるようになった	4
●ＣＳについて **入学して良かったか** 良かった。先生や同じ境遇の人とつながったり、アルバイトをしたりして、環境に引っ張ってもらっている	5

第 4 章

教育と音楽

毛利直之

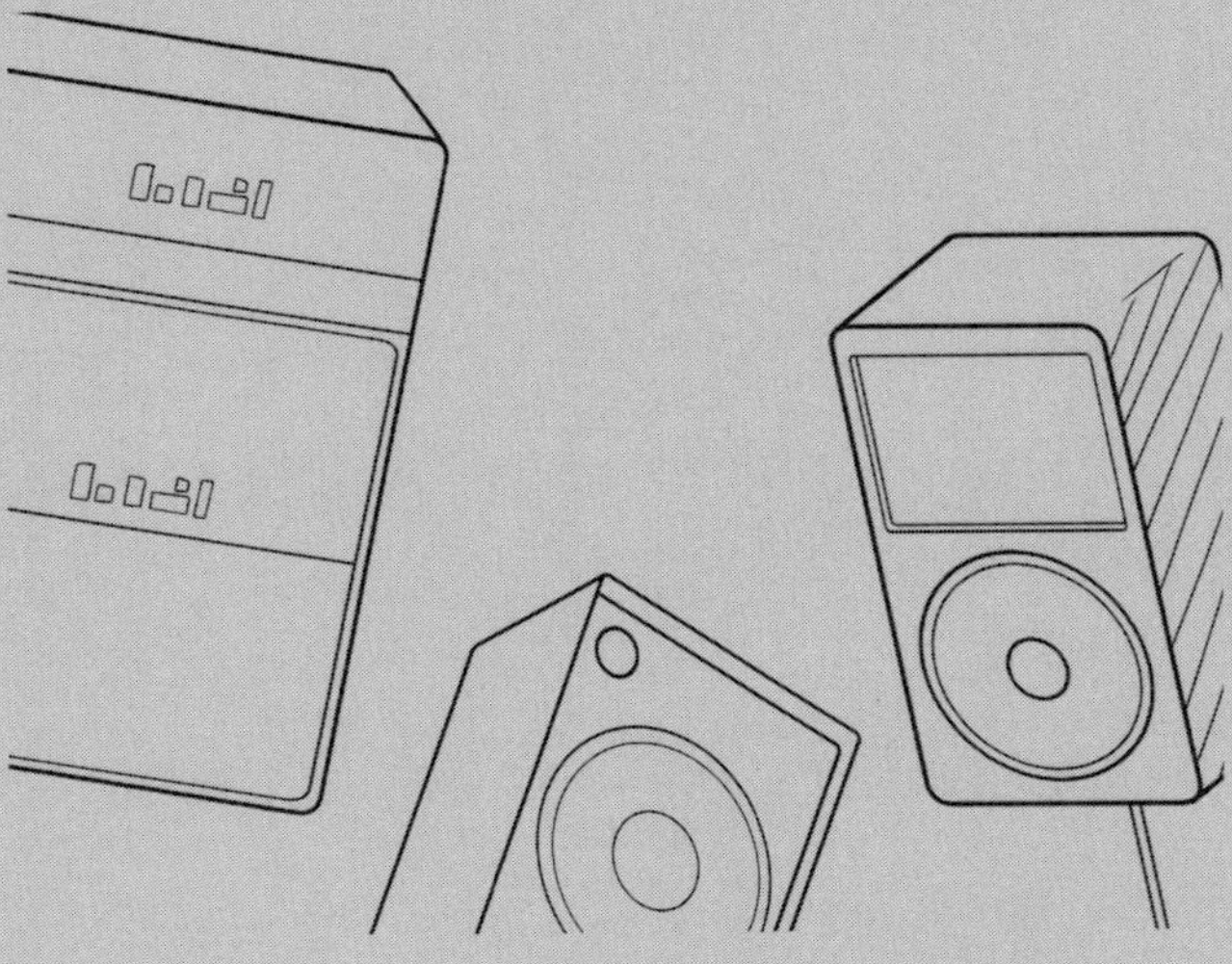

学校教育の目的って何だろう

私は2人の息子が通う小・中学校で、合計すると8年間、PTA会長を務めた。何度か保護者と学校とが対立するその間に入ったことがある。校長室で双方の話を聞きながら「あれ？」と思った。学校と保護者、そして生徒の3者の「学校で学ぶ目的」がバラバラなのだ。目指すゴールが違っているのだから、当然お互いが求めるものが違う。その要求をぶつけ合っているのだ。これではいくら話し合ってもそれぞれが納得する結果に至ることはないだろう。学校と保護者、生徒の思いがかみ合わない原因はここにあると思った。

まずは3者が共有できる目的を掲げなければならない。保護者の望みも子どもたちのそれも違う。ある保護者は「勉強を頑張ってほしい」と望み、別の保護者は「スポーツを頑張ってほしい」と期待する。「ただ優しい人に育ってくれたら」という保護者もいるかもしれない。

しかし一見バラバラに見えるこうした望みも、我が子に「幸せになってほしい」という気持ちから生まれている。つまり〝子どもたちの幸せ〟こそが、保護者たちの共通した望みなのだ。

子どもにしてもそうだ。「俺はＪリーガーになれたら不幸になってもかまわない」と思っている生徒はおそらくいない。

そして私たち教育に携わる者も、自分がかかわった子どもの幸せを願わない教師はいない…と信じている。

そうであるなら、学校で学ぶ目的を「子どもたちの幸せのため」とすれば３者が共有できるはずだ、と考えた。その目的のために、学校と家庭の役割を明確にし、力を合わせて、子どもにとっての最高の教育環境をつくっていけばいい。そうすればお互いの立場を主張し合い、かみ合わないやり取りを続ける必要はなくなるはずだ、と。

だからＣＳでは、入学式直後に行われる保護者会でこう話した。

「私たちの願いは子どもたちの幸せです。ではこの大変な時代に、どうすれば子どもたちは確実にその幸せを手にすることができるのでしょうか。大きな会社に入って高い給料が保障されても、社内の人間関係に悩んで辞めていく人はたくさんいます。今や４年制大学を卒業した若者の３分の１が、３年以内にその職場を辞めているのです。じゃあ夢叶って、歌手としてメジャーデビューできれば、その子の幸せは決まるのか。もちろんそれもありません。２年間ヒット曲に恵まれなければ事務所の契約は解除されるかもしれない、という厳しい世界なのです。

つまり子どもたちがどんな道を歩もうが、困難は付きものなのです。困難のない人生はありません。うまくいっている人生とは困難がないのではなく、困難を乗り越えているのです。だからもし本当に子どもたちの幸せを願うのであれば、困難を乗り越えていく力を子ども自身が育むこと、それが最も大切であり、教育の目的もそこにあると思うのです。そして、その力は音楽を通して培うことができます」

音楽は、今日できなかったことが努力すれば明日はできるようになるという小さな奇跡の連続なのだ。トレーニングをすれば出なかった音域で歌えるようになり、届かなかった指でギターのコードを押さえられるようになる。努力すれば、できなかったことができるようになる、その力が自分の中にある、という発見が、自分を信じる力になる。困難を前にしたとき、一番求められるのはそうした自分自身への信頼なのだ。

望まれる教育環境とは

次に、学校と保護者が連携を取り、子どもにとって最良の教育環境を整えていく。スタッフは、生徒の良いところや頑張っている様子をその都度、保護者に電話で知らせる。多くの生徒が不登校を経験しているので、最初は学校から電話がかかってくるだけで身構えていた保護者たちも、頑張っている様子を伝えてくれる学校のことを「理解者」として信頼してくれるようになり、少しずつ子どもへの思いを聞かせてくれるようになる。

そうした親の思いを生徒たちに伝える。親は子どもと向き合うと、つい感情が出てしまい、伝えたかった言葉の半分も伝えきれていないことが多い。だから学校は親の思いを生徒に伝え、生徒の思いを保護者に届ける。橋渡しをしながら、保護者と学校の間の風通しを良くする。それが生徒が困難を乗り越えていくために最も必要な環境なのだ。

仮に保護者と学校の風通しが悪い場合、生徒は家で困難の原因は学校にあると言い、学校では家庭に原因があると言う。そう言っておけば、自分は変わらずに済むからだ。積極的に自分を変えたいなんてもともと誰も思わない。周りが変わってくれるのならその方が楽でいい。大人だって同じだ。極論すれば、家庭と学校とが対立することは子どもたちにとっては都合がいい。でも、結果的にその環境で子どもたちは苦しむことになるのだ。

音楽が持つ「精神性」と「大衆性」

学校教育にもとめられるものが、生成ＡＩの登場によって変わった、いや変わらざるを得なくなったのではないか。読む力や計算、記憶する力ではなく、「観て、聴いて、想像する」という人間しか持ちえない能力を、どう高めていくか――それが重要になったと私は思う。

そのためには「音楽」がどうしても必要になってくるのだ。

ジョン・レノンは楽曲「イマジン」で、政治的なメッセージを、シンプルな言葉で、まるで子供に語りかけるようにして歌い、世界中の人たちに届けた。

想像してごらん

国なんてないと

そんなにむずかしいことじゃない

殺したり死んだりする理由もなく
宗教さえもない
想像してごらん
すべての人々が
平和な暮らしを送っていると

彼はあるインタビューで「イマジンは甘い砂糖で包んであるんだ。言いたいことは変わっていない。宗教も国も政治対立もない世界を、と歌っている。だけど砂糖に包まれているから世界中のどんな立場の人にも受け入れてもらえるんだ」（「〝イマジン〟は生きている　ジョンとヨーコからのメッセージ」ＮＨＫ・ＢＳプレミアム２０２０年11月放送）と答えている。

この言葉はロック・ポップスを柱とする教育の実現において、とても重要なヒントを言い表している。

人の道を教壇の上から説いたところで素直に聞いてくれる生徒は少ない。特に思春期は熱病に侵された獣のような状態なので、大人の「正論」に噛みつきたくなるものだ。

だから彼らの好きな砂糖で包んでやる必要がある。そうすれば子どもたちはその魅力に夢中になっている間に、心地良いものと悪いもの、美しいものとそうでないものを自分の中に自然と確立していく。

教育とは、権威をもって押し付けるのではなく、生徒たちが喜びの中で、自らの意志で、価値観の変革がなされていくよう準備されることが望ましい。

もちろんロックと聞くだけで、退廃的で反社会的、不道徳で暴力的、ドラッグを連想する人もいるだろう。あくまで私が活用すべきと思っているのは、ロックの精神性と、ポピュラーミュージックが持つ大衆性だ。ロックの精神性は閉塞感に包まれた現代の子どもたちの心に革新的な変化を呼び起こすと私は信じている。その精神性をポピュラーミュージックという砂糖で包んで子どもたちに届けるのだ。

ロック・ポップスを学校教育のベースに据えるためには、必要なもの以外はそぎ落とさなければならない。

一つはファッションである。高校生が体のいたるところにピアスをし、タトゥーを入れれば、保護者は心穏やかではないだろう。

とはいえ、ファッションは単に商業主義と結びついたものだけでなく、ロックの精神性から派生した面もある。だからＣＳでは、服装や髪型も自己表現のひとつとして自由にしていいとした。ただし「他者の自由を阻害しない範囲の自由」という付則を設けて。うまくいくかどうか不安もあったが、生徒たちは思いのほか良識的だった。

次にパフォーマンス。ロックミュージシャンの言動はイメージづくりを目的としたメディア向けのパフォーマンスである場合が多い。だから生徒たちがロックの正しい方向性を学び、精神性を理解すれば、表面的な言動に振り回されることはなかった。

ロックの精神性とは

ロックの精神性とは、「信念に生きる強さや常に本質に向かおうとする意志」だと私は考える。エレキギターでひずんだ爆音を出さなくても、アコースティック・ギター１本でもロックは成立する。ロックであるか否かは、演奏形態によって決まるのではない。

さらに言えば、ハガネのような精神力で信念を貫いた偉人たちの生きざまからもロックを学ぶことはできる。

「希望は決して楽観ではありません。なにかがうまくいくという確信ではなく、なにかの意味を持つという保証――どういう結果になるかを顧慮することなく――なのです」（ビロード革命を成し遂げたチェコスロバキアのヴァーツラフ・ハヴェル大統領。「ハヴェル自伝　抵抗の半生」岩波書店）

「たとえ体は小さくとも、自分の使命に対して燃えるような信念を抱き、決然とした心をもつ者だけが、歴史の流れを変えることができるのです」（非暴力・不服従を掲げインドを独立に導いたマハートマ・ガンディー。「ガンディーの言葉」岩波ジュニア新書）

「生徒がいなくなるなら、いなくなるままにしておけ。教員が去るならそれもよい。生徒も教員もいなくなれば、ここに残るは俺ひとりだ。そうしたら、俺がひとりで教えられるだけの生徒を相手にして、教授してやる。生徒がいなければ、教えようとは思わない。この福沢諭吉、大塾をひらいて子弟を教えねばならないと人に約束した覚えもない」（明治維新の改革で慶応義塾の経営に窮した福沢諭吉。「小説福沢諭吉」大下英治著、学陽書房）

どうだろう、これからの時代を生きる子どもたちに伝えたい言葉ではないか。

私にとってロックとは、音楽のジャンルの名でも、音楽スタイルの名でもない。真っ直ぐで気高い「志」の異名なのである。その精神性をポップスにくるんで届けたいのだ。

音楽を使った表現教育について

では、音楽を使った表現教育が生徒たちの内面にどういった変革をもたらしていくのか、そのプロセスをたどってみたい。

1　内省・観察

音楽を自己表現の手段とするとき、嫌でも自分自身と向き合わざるを得なくなる。自分のことがわからなければ、選曲すらできない。例えば育ちの良さそうな人が、「♪腐った都会に唾を吐きかけて〜」と歌っても説得力はないだろうし、自分の声がどの音域に魅力があるかを知らずに、無理な高音域を喉を絞って歌ってもやはり魅力はない。こうして表現者は自分の持っているもの、持っていないものを冷静に見極めていくことが求められる。

2　評価

客観的な観察によって明らかになった自分の長所や弱点、知識や技術の程度を、次は表現者自身が「評価」していく。強調しておきたいのは、他者との比較による評価ではない点だ。だから決して自己否定につながらない。

3　受容

他者をうらやんでみても、無いものねだりをしても仕方ない。人は与えられたカードで勝負するしかない。そう思うに至り、弱ければ弱いまま、至らなければ至らないところから工夫しはじめるとき、その人にしか出せない味わいが醸し出されるのだ。

４　解放

見栄やごまかしが通用しないステージで、生徒たちは余計なものを取り払って、心を解放することが求められる。余計なものとは、認められたい、褒められたいといった周囲の評価を求める気持ちである。そうではなく、自分はこう感じるということを大切にしなければならない。そのためにはありのままの自分をさらけだせる「安全な場所」を用意してあげることが大切だ。ＣＳの生徒たちは「これまで出すな出すなと言われてきたことを、ここでは出せ出せと言われるんです」と笑う。普段の生活で思うままに振舞えばトラブルになるが、ステージの上では許される。ありのままの自分をさらけ出せる「場所」を手にした生徒は、やがて日常生活が整い始める。親や友達に「私のことをわかって欲しい」と要求することがなくなっていく。

5　表現

同じ空を見ても自分と隣の人では違う色に見えている。「青」でいいのか、それとも「蒼」なのか、「碧」なのか。表現とは、その微妙なニュアンスの違いを表していかなければならない。当然技術も必要になる。表現力と技術は車の両輪で、どちらかに偏れば、車は同じところを回り続ける。技術の基礎トレーニングは単調で退屈かもしれないが、鍛錬とも言えるそのプロセスを踏んでいない表現は、自己満足の域を出ず、他者と共有できる価値へと昇華することはほとんどない。

6　承認

ありのままの自分が自分以外の他者に受け入れられたと感じるとき、人は初めて自分そのものを認められたと感じることができる。周囲の人の顔色をうかがってそつなく振舞い、それが評価されたからといって自分を肯定することはできない。なぜなら、それは予定された評価が得られたに過ぎないからだ。

音楽が持つ力と可能性

２０２０年、ＣＳと北アイルランドのグレンゴルムリー高校との音楽交流の話が持ち上がった。音楽が人々の相互理解と平和構築にどう寄与することができるかということを研究する「民音研究所」のオリビエ・ウルバン所長からの提案だった。

日本の高校生はいじめや不登校といった問題を抱え、北アイルランドの高校生はプロテスタントとカトリックのという宗教的対立を抱えていた。

交流プロジェクトの目的は、それぞれ課題を抱えた両国の高校生が、共同で楽曲を作り上げていく過程で、さまざまな困難と向き合い、乗り越えていきながら相互理解を深める、というものだった。

いよいよプロジェクトをスタートさせようとしたとき、世界中をコロナが襲った。対面での交流はすべて中止せざるを得なくなったが、ＣＳの生徒がメロディーを書き、北アイルランドの高校生が作詞を担当して、「Far Away」というタイトルのミュージックビデオを完成させることができた。

コロナでさえ音楽を止めることはできなかったのだ。

第5章

対談

自己肯定感と表現
保護者にできること

毛利直之　龍秀美

子どもの不登校に大人はどう対応すればいいのだろう。そのヒントを探るため、「詩壇の芥川賞」といわれるH氏賞の受賞者で、西日本新聞で子どもの詩の選評を担当してきた詩人の龍秀美さんと、毛利直之さんに話し合ってもらった。「子ども×表現」に長く携わってきた二人のやりとりからは、家庭や学校で実践できそうな糸口が見えてきた。

（聞き手は首藤厚之）

葛藤 思いをすくい取る

―龍さんは新聞の子どもの詩コーナーを10年間担当されています。

（龍）地方の新聞で自前の詩のコーナーを設けている例はほとんどありません。主に小中学生

龍秀美（りゅう・ひでみ）

詩人。西日本新聞の子どもの詩投稿欄「詩の芽」で選評を担当。九州沖縄の受刑者・少年院の文芸コンクール（詩部門）選考委員を務める。第50回H氏賞受賞。〈著書〉詩集『TAIWAN』、詩集『父音（ふいん）』、詩画集『とうさんがアルツハイマーになった―多桑譚』など。

が対象ですが、子どもらしい詩を選ぶのではなく、詩を通じて子どもと一緒に考えるというスタンスで関わってきたことが、長い間続いている理由かもしれません。

―子どもと大人の詩に違いはありますか？

（龍）大人の詩には配慮や忖度が入ってきます。どうすれば評価されるかという具合に外の目を気にします。子どもも中学生くらいになると忖度をするようになりますが、それは外の目ではなくて自分との闘いなんです。自分の中の疑問との闘い。そんな葛藤が詩になって出てきます。やたらと難しい言葉を使いたがりますが、その向こう側にあるものを大人がすくい取ってあげる必要があると思います。

――意図をすくい取るのは大人の役割なんですね。

（龍）大人も悩んできた経験があるでしょうから、同じ立場で考えるということでしょうね。自分のことに引きつけて。不登校も悩みや葛藤を示しているのではないでしょうか。

（毛）今の日本の教育は人との違いをならして丸く収めようとします。みんなと同じようにしなさいというのは、本来それぞれ特性を持っている子どもたちにとって、特に不登校を経験した者にとっては苦痛以外の何物でもない。他人との違いを足りないとか欠けているとかマイナスに評価をすると、子どもの中に自己否定が生まれ、傷ついていく。音楽は違いを魅力として生かすので、彼らの中に自己肯定感が芽生えていくのを感じました。

――音楽と同様に、自己肯定感を養う力は詩にもあるのではないでしょうか。

（龍）そう思います。詩を書くと、自分はこういうことを考えているんだという発見があって、だんだん自分のことが分かってきます。言葉はコミュニケーションの基本ですから、コミュニケーション力は、子どもが社会の中で将来を切り開いていく大切な能力です。それを身につけるツールとしても詩は有効だと思います。

（毛）自分のことを分かるというのは、頭で考えているだけじゃ気づけないですよね。

（龍）心の中は層になっていて、大人と子どもでその重なりは違うのですが、層を刺激することで心の中にとどまっている言葉が出てきます。私は毎年、少年院の若者たちの詩を見ています。ある少年は、ありがとうという言葉の使い方を知りませんでした。知らない分、詩の中ではありがとうを何度も何度もひたすら繰り返す。彼にとっては精いっぱいの表現だったのでしょう。言葉が生まれてくる現場を見た気がしました。

（毛）すごいですね。その子はこれまでありがとうという言葉に触れる場面がなかったのかもしれない。

個性　優劣ではなく価値

―子どもたちの感性を刺激したり、表現を促したりするにはどうすればいいでしょうか。

（毛）違いを優劣と捉えないというのがスタートラインだと思います。大人が違いに意味と価値を見いだせば、子どもたちは変わり始めます。子どもたちは自分を変えようと苦しんでいます。でも、変えなくていいんだと思えたら解放されます。

（龍）大人はその手助けをしたいですよね。あなたのウイークポイントのそばにあるものは、個性であり魅力だよと。どう刺激するか、工夫が必要ですが。

（毛）音楽学校では最初、音楽が楽しいと思ってもらえるように注力します。はじめは表現を求めません。音楽を聴いてもらっているうちに、楽しいはやがて夢中に変わります。その時、自分を表現できる環境を提供するのです。ここなら自分を笑われたり、馬鹿にされたりしないという安心感を持ってもらえるよう目を配りながら。そうすることで、表現したいという生徒が少しずつ出てきます。どんな子でも必ず好きなものがありますから。

家庭　子育ての予防接種

――家庭でも応用できそうですね。

（龍）楽しいと感じられる環境を用意してあげるのは大事でしょうね。家の中に音楽がいつも流れているなど、さりげない環境作り。その中で音楽や言葉が親子の会話に入り始めるといいなと思います。

（毛）親子が向かい合って人生の話をするのは難しいけれど、音楽や詩といった表現について話すとき、自然と生き方の話になるんです。音楽学校を始めた当初から一緒にやっているプロデューサーが、ある生徒のギター演奏を見て「いま少しごまかしたやろ。そこは丁寧にコピーしなさい。そうしないと、そんな生き方をする人間になるぞ」と言ったんです。音楽というフィルターをかけたら生き方にまで踏み込んだ話ができるんです。

（龍）大人と子どもが同じ方向を見るのはとても大事だと思いました。そうすれば、親も自分の経験を話せるでしょうし。向き合うと、大人は説教をしがちです。

（毛）以前、私の息子が「イラストレーターになりたい」と言ってきました。私も絵を描くことが好きなので、親子の〝共通言語〟ができたと思って、とてもうれしかったのを覚えています。

――お二人の実体験を踏まえ、子育てについての考えを。

（毛）私は子どもを「評価」しないように心がけていました。子どもは親の評価に寄せてきますからね。大人の価値観や常識といった枠にはめると、可能性を狭めるような気がしたのです。

（龍）私は子どもがいないのですが、めいっ子の誕生日に「あなたは今日から親の承諾がなくても、権利として自分で決められることがあるのよ」と節目節目で大事なことを伝えてきました。親以外の存在だからこそ果たせる役割もあると思います。

（毛）現代の子育ては、正解がなくなったとも言えるのではないでしょうか。ですから、子どものいろんな変化に対応できるよう、親も周囲も引き出しをたくさん用意しておく必要があると思います。例えば、不登校の子どもがどんな気持ちか、親は分からないということがよくあ

ります。自分たちは経験していないからですね。今は様々な事態に備えて本やネットなどで情報を仕入れ、想定することが大事でしょう。子育てにおけるいわば予防接種です。それがあるかないかで、親のとっさの反応に大きな差が生まれます。その意味で、子育ては「学ぶ」時代に入ったように感じます。

（龍）予防接種って面白い言い方ですね。子どもは親を一番近くで見ていますし、親も子どもを受け止めようとすることで親になろうとします。不登校で子どもが苦しいときは親も苦しい。そう考えると、予防接種というのは親にも子にも効果がありそうですね。

社会　多数派を生まない

―不登校の児童生徒の数は全国的に増え続けています。

（毛）いじめが背景にあるケースも多く、その子たちの傷はとても深い。音楽学校にも、入学後なかなか自己否定から抜け出せない生徒がいました。いじめは多数派が少数派を攻撃するという構図です。多数派を生まない仕組みをつくる意味でも、みんなそれぞれ違うという前提に立つことが重要だと思います。自己表現もその土台に上に成り立ちます。

（龍）一方で、日本は社会そのものが多数派に寄るところが大きい。さかのぼれば富国強兵もそう。今は転換期にあるのでしょう。

（毛）そうですね。私はこれからの世界は、子どもたちの精神を自由にすることによってしか良くならないと思っています。音楽学校を開いた時は、子どもたちの自信をどう取り戻すかがテーマでした。でも今は、子どもたちから自信を奪わないためにはどうすればいいかを考えています。

（龍）音楽や詩といったアートはそれ自体は無力かもしれません。でも自分を見つめる手段や道具としては大きな力を発揮します。これを読んだ方にとって、何かのヒントになればうれしいです。

第５章　対談　自己肯定感と表現　保護者にできること

おわりに

子どもは伸びようとしている

これまでたくさんの不登校生徒を見てきた。
親に暴言を吐く子。
投げやりな言葉を口にする子。
何を聞いても貝のように口を閉ざし
ただ机の一点を見つめたままピクリとも動かなくなってしまう子。
100人いたら100通りの反応があった。
でも、ひとり残らず心の中ではみんな〝変わりたい〟と思っていた。
このままでいい、と思っている子なんてひとりもいなかった。
変わりたいのに変われないから苦しんでいた。
それは伸びようとしていたからなんだ。
もし、このままでいいと本気で思っているのなら、子どもたちはあんなに苦しむことはなかっただろう。

暴れる子は、変われない「自分」に対して苛立っていた。

ゲームばかりしている子は、「不安」をまぎらすために没頭していた。

何も話さない、ではない。話したくても言葉を見つけられずにいたのだ。

音楽、それもロック・ポップスを使った人間教育というこれまでにない試みのその「教育の成果」はきっとこれから問われることになるのだろう。

それは卒業生たちが社会とどう関わり、CSの理念をどう体現していくのかそれぞれの置かれた立場で周囲にどうより良い影響を与えていこうとしているのかというその一点で測られることになる、と私は思っている。

すべては変わる。環境も人も、そして自分自身も。

今の自分がすべてではない。

だから答えは今、出す必要はないんだ。

子どもはいつだって伸びようとしている。

その意思は君の中で確かに息づいている。

表面に出ていないからわからないだけだ。

でも大丈夫、信じていい。
君は無限の可能性を持っている。
高く、高く飛翔していける翼を持っている。
そう信じることから始めよう。
もし君が、君自身を信じきれないなら
そう決めてしまえばいい。
その力はすでに備わっていると。
冬の間は枯れたように見える木だって
春になれば花を咲かせるじゃないか。
花はその木の中で
じっとその時を待っていたんだ。
いつかきっと君は悠々と自立の道を歩み始める。
そんな時がやってくる。
もし君が君を信じられなくなっても、私は信じている。
その日は必ずやってくると。

毛利直之（もうり・なおゆき）
1955年、福岡県生まれ。
プロミュージシャンとしての活動後、2001年に高校の卒業資格が取得できる音楽学校「C&S音楽学院」を設立。21年まで学院長を務める。スタジオ・ジブリの作品「ゲド戦記」の主題歌でデビューした手嶌葵さんらを輩出。不登校など困り事を抱えた生徒たちが、音楽を介して社会性を身につけていく姿はメディアでも数多く取り上げられ、現在は各地で講演活動を続けている。

首藤厚之（しゅとう・あつゆき）
1977年、大分県生まれ。
2006年、西日本新聞社に入社。13年、C&S音楽学院の卒業生を中心とした新聞連載「詞を紡ぐ」を担当。記者として取材や編集に携わり、22年からは出版業務に従事する。本書では、23年に入学した知人の息子の1年間を〝定点観測〟した。

もし君が君を信じられなくなっても

不登校生徒が集まる音楽学校

2024年12月3日　初版第1刷発行

著　者　毛利直之　首藤厚之
発行者　田川大介
発行所　西日本新聞社
〒810-8721 福岡市中央区天神1-4-1
TEL092-711-5523（出版担当窓口）
FAX092-711-8120
印　刷　シナノパブリッシングプレス
装　丁　中川たくま（ブルームーンデザイン事務所）
装　画　毛利勇旗
ＤＴＰ　冨菊代（西日本新聞プロダクツ）

ISBN978-4-8167-1016-2 C0036
西日本新聞オンラインブックストア
https://www.nnp-books.com